Stefan Walter

Freiheit leben

Was ich von der Welt gelernt habe

Für Hanna, Eva und Jonas –
ihr seid mein größtes Abenteuer!

NATURZEIT Reiseverlag

Druckerzeugnis
www.natureoffice.com/DE-928-KR3EUAM
klimaneutral
durch CO_2-Ausgleich

Gedruckt auf Papier aus nachhaltiger Waldwirtschaft

Mehr über unsere Autoren und Bücher unter:
www.naturzeit-verlag.de

1. Auflage März 2022
ISBN 978-3-944378-33-6

Naturzeit Reiseverlag e. K.
82288 Kottgeisering
www.naturzeit-verlag.de
info@naturzeit-verlag.de

Satz und Gestaltung: Stefanie Holtkamp
Lektorat: Lena Marie Hahn, Stefanie Holtkamp
Fotos: Stefan Walter
Karte und Illustrationen: iStock Bildagentur
Karte Umschlag innen und Illustrationen Seite 4, 51, 147, 161, 189, 201, 213, 261 dikobrazly
Illustrationen Seite 2, 73, 203, 225, 237, 249 ©Pazhyna, Seite 13 ©Alonzo Design, Seite 30, 163, 277 ©ksana-gribakina; Seite 53, 139 ©S-S-S; Seite 90 ©GalaChe, Seite 108 ©Vector illustration; Seite 129 ©Parkjisun; Seite 171 ©kvasay

Vertrieb: Geo Center, 70794 Filderstadt

Druck: Druckerei Louis Hofmann, 96242 Sonnefeld,
www.lh-druckerei.de, Printed in Germany

Inhalt

Prolog

Vielleicht hast auch du schon von Veränderungen geträumt. Davon, dem Hamsterrad zu entfliehen: arbeiten, um Geld zu verdienen, Miete zu zahlen, ein Auto kaufen, um zur Arbeit zu fahren. Markenkleidung, Restaurantbesuche, Handyflatrate bezahlen. Noch mehr arbeiten, noch mehr ausgeben. So vergehen schnell die Tage.

Wie schwierig ist es, aus diesem Kreislauf auszubrechen! Einfach loslassen und neue Wege gehen ist viel leichter gesagt als getan. Vielleicht kann dir meine Erfahrung helfen, einen ersten Schritt zu tun, oder einen zweiten. Denn diese sind die mühevollsten.

Ich freue mich, wenn dir dieses Buch als Inspirationsquelle hilft. Ich möchte dich ermutigen, Erfahrungen in der Welt zu machen und sie mit neuen Augen zu sehen. Dadurch entsteht immer auch ein neuer Blick auf das eigene Leben: Weg mit Unzufriedenheit und Zweifeln. Her mit dem, was wirklich zählt: das, was dein Herz sagt!

1

Die Reise beginnt

Aufbruch in ein neues Leben

Ich atme Freiheit. Weite. Eine Brise sorgt für eine Gänsehaut auf meinen Armen. Die Sonne steht schon tief und wirft ein magisches Funkeln auf das Wasser. Um mich herum ist alles grün: uralte Bäume mit verschlungenen Wurzeln, fremdartige Palmen rauschen im Wind. Über meinen Köpfen drehen gewaltige Flughunde mit schnellem Flügelschlag ihre Runden. Ich habe alles losgelassen und bin angekommen. Nun fühle ich mit allen Sinnen den Moment, auf den ich so lange gewartet habe. Vor mir steht das Symbol für meinen Aufbruch: Sydneys Opernhaus. Seine Konturen heben sich klar vom Himmel ab. Mein Herz schlägt schneller. Ein Jahr auf der anderen Seite der Welt liegt vor mir. Ein ganzer Kontinent und ein anderes Leben warten auf mich.

Rückblende in die niederrheinische Kleinstadt Tönisvorst: »Warum machst du das?«, fragen mich viele, als sie von meinen Plänen hören. Die meisten freuen sich für mich. »Toll, dass du das machst. Du wirst eine gute Zeit in Australien haben.« Wieder andere haben überhaupt kein Verständnis dafür. »Ein ganzes Jahr? Warum fängst du nicht direkt dein Studium an? Dann hast du keine Lücke im Lebenslauf. Nimm deine Zukunft doch besser in die Hand!« – Das Leben, die Zukunft in die Hand nehmen? Genau das mache ich doch, denke ich mir. Ich fange meine Zukunft in Sydney an. Dort wohne ich für drei Tage in einem Hostel und gehe alle nötigen Vorbereitungen für mein Abenteuer Australien an. Danach – keine Ahnung, wie es weitergeht. Aber irgendwie geht es doch immer weiter, oder?

»Und du weißt wirklich noch nicht, wo du schlafen wirst?«, fragen mich eigentlich alle. »Etliche ziehen dabei die Augenbrauen in die Höhe.« Ist das mutig? Kopflos? Fehlgeplant? Vielleicht habe ich einfach gar keine Ahnung, was da auf mich zukommt? Wenn doch so viele suggerieren, dass mein Plan unsicher ist, muss doch etwas dran sein. Ich beschließe, es selber herauszufinden und mein Vorhaben einfach genau so umzusetzen, wie ich mir das vorgenommen habe – voll jugendlichem Optimismus und Vertrauen ins Leben.

Die Wurzeln meines Abenteuers liegen schon in meiner Schulzeit. Neben binomischen Formeln und Primfaktorzerlegung lerne ich dort tatsächlich auch etwas fürs Leben. Ein junger Referendar zeigt uns in der letzten Stunde seiner Ausbildungseinheit Bilder aus Australien. Ein halbes Jahr lang ist er dort mit einem Work-and-Travel-Visum gereist. Er berichtet von Krokodilen, von Sonnenuntergängen, von Wüsten und von Küsten. In seinen Erzählungen kommen freundliche Einheimische vor, deren Lebensmotto »no worries« – keine Sorgen – heißt. Er erzählt, dass er perfekt Englisch gelernt hat und dass er anders zurückgekommen ist, als er aufgebrochen ist. So reift bei mir über die nächsten Jahre der feste Entschluss, den roten Kontinent selbst zu besuchen.

Mein Leben verläuft bis dahin genauso, wie es wohl in vielen Familien zugeht: ziemlich normal. Ich komme glücklicherweise aus einem heilen Elternhaus, habe gute Freunde und zu Abi-Zeiten machen wir uns das Leben so fantastisch, wie es geht: Partys bis zum Sonnenaufgang, endlose Tischtennisduelle im Sportverein, schwimmen gehen, gemeinsam rumhängen, Blödsinn machen. Alles, was das wohlbehütete Vorstadtleben so bereithält, probieren wir aus. Mein Zivildienst nach dem Abitur verläuft ruhig. Ich arbeite in einer Seniorenbegegnungsstätte. Entweder helfe ich im Café und koche Kaffee für die Senioren, oder ich besuche sie zu Hause und kaufe für sie ein, fahre sie im Rollstuhl spazieren und helfe ihnen in ihrem alltäglichen Leben weiter. Auch wenn es schön ist, für andere Menschen da zu sein: Besonders tiefgründig komme ich mir dabei nie vor. Weder beim Kaffeekochen im Zivildienst noch am Wochenende beim Partymachen mit meinen Freunden.

Irgendwie hätte ich es gern aufregender. Ich träume von einem Leben, in dem ich morgens noch nicht weiß, wo ich abends einschlafen werde, das nicht von Wochentagen und Uhrzeiten bestimmt ist. Ich möchte unkonventionelle Lebenskonzepte erproben. Erfahren, wie Leute arbeiten, leben, denken, die nicht Teil unserer durchgeplanten Gesellschaft hier in Deutschland sind.

Meine Mitschüler wirken während des letzten Schuljahres und auch während meiner Zivildienstzeit auf mich seltsam fokussiert: »Ich studiere International Business in den Niederlanden auf Englisch.« – »Ich mache ein duales Studium, so kann ich in den Semesterferien in einer Firma arbeiten.« – »Ich möchte meinen Bachelor machen und dann schnell in die Selbstständigkeit gehen.« Warum wissen eigentlich alle ganz genau, was sie beruflich machen wollen? Woher kommt ihr Selbstbewusstsein, zu wissen, was sie den Rest ihres Lebens tun möchten?

Dieses Selbstbewusstsein und die Zielstrebigkeit habe ich nicht. Ich weiß noch nicht ganz genau, was ich vom Leben erwarte. Ich weiß nur, dass ich rauskommen will. Wie ich mein Leben lebe, möchte ich selbst bestimmen. Ich habe diesen Traum von Freiheit. Heute möchte ich dies machen und morgen die Möglichkeit haben, etwas ganz anderes zu tun. Dabei geht es mir gar nicht so sehr um Ergebnisse, sondern ich möchte einfach ausprobieren. Ich will mich überraschen lassen, was bei der Reise rauskommt. Ohne ein konkretes Ziel oder eine Erfolgsaussicht zu haben, möchte ich einfach etwas anfangen. Es geht mir darum, aus meiner engen Welt herauszukommen, naturverbunden zu leben, viele Menschen kennen zu lernen und verschlossene Welten zu öffnen. Einfach aufbrechen.

Damals habe ich allerdings noch nicht den Mut, alles auf eigene Faust zu organisieren, was ich heute praktisch bei jeder Reise tue. Ich schließe mich einer Organisation an, die eine Gruppenausreise und ein Einführungsseminar in Australien anbietet. Dort versprechen sie Unterstützung bei grundlegenden Dingen wie der Beantragung eines Bankkontos und vermitteln Jobangebote. Sie geben anfängliche Orientierung, damit der Übergang reibungslos funktioniert. Die ersten drei Tage in Sydney sind organisiert und erst danach folgt der Sprung ins Ungewisse. Ganz am Anfang ist das Wissen, Unterstützung vor Ort zu haben, ein starker Rückhalt, der mich selbstbewusst macht. Schnell fühlt sich der durchgeplante Start in meine Reise aber auch einengend an. Ob das eine gute Idee war? Noch weiß ich es nicht, aber später wird sich herausstellen, wie überflüssig die Buchung bei einer Organisation war, denn über die unmittelbare Starthilfe hinaus leistet sie praktisch nichts.

Wie ich auf der Reise für mich sorgen soll, muss ich ohnehin selbst herausfinden. Ein Jahr soll mein großes Abenteuer dauern. Mein Zivildienstgehalt habe ich größtenteils gespart. Das bildet schon mal ein gutes Startkapital. Alles weitere möchte ich durch Jobs vor Ort verdienen. Das bedeutet aber auch, dass ich mich extrem einschränken und mit einem sehr kleinen Budget reisen werde. Ich muss schauen, wie ich es schaffe, die Reisekosten zu drücken. Aber der Gründer des Lonely Planet, der größten Reiseführermarke der Welt, sagte einmal in einem Interview: »Mit je weniger Geld du reist, desto mehr wirst du erleben.« Auf dieses Motto vertraue ich auch heute noch, obwohl ich mir mehr Komfort leisten könnte.

Je näher der Abflugtag rückt, desto mehr Zweifel überkommen mich. Werde ich das wirklich schaffen? Wo werde ich schlafen? Was werde ich mit der Zeit machen? Die ganzen an mich herangetragenen Sorgen scheine ich wohl doch nicht so leicht abschütteln zu können. Meine Zweifel wachsen.

Ich werde das schon irgendwie schaffen, sage ich mir. Und wenn nicht, dann bin ich halt gescheitert und komme zurück. Am Vormittag vor dem Abflug überkommen mich die größten Zweifel. Mir ist fast schlecht. Ich bekomme Angst vor meinem naiven Optimismus. Tief ein- und aus atmend denke ich mir: Jetzt kannst du es eh nicht mehr ändern. Mittags lege ich mich noch mal in der Sonne schlafen, dann fahre ich mit meinem Freund Felix zusammen zum Frankfurter Flughafen, wo ich den ersten Schritt in mein neues Leben gehen werde.

2

Home is where you park

Australiens Ostküste von Sydney nach Cairns

Mit einem leisen Ratschen öffne ich den Reißverschluss des Zeltes. Vor mir tut sich ein atemberaubender Ausblick auf: Tief unter mir rauscht das blaue Meer von allen Seiten. Gewaltige Wellen rollen auf die Klippe zu und brechen am dunklen Felsen. Die weiße Gischt spritzt überall hin. Die Sonne hat sich gerade über den Horizont bemüht und erleuchtet mit ihren warmen weichen Tönen die Landschaft. Sie erwärmt meine Haut und ich strecke mich. Die Welt ist mein Schlafzimmer. Die Zimmerdecke der tiefe Himmel, das Bett ist meine Isomatte und meine Decke der Schlafsack. Ich hole aus dem blauen Ford Falcon den Campingkocher und das Kaffeegeschirr. Während die blauen Gasflammen züngeln und meinen Morgen-Kaffee zubereiten, freue ich mich nur über diesen Augenblick.

Im Zelt hinter mir raschelt leise ein Schlafsack, als sich einer meiner beiden Reisebegleiter im Schlaf umdreht. Steffen und Felix sind genau wie ich mit einem Work-and-travel-Visum unterwegs. Felix ist schon seit Jahren einer meiner engsten Freunde und fand meine Idee von der Australienreise so faszinierend, dass er sich kurzerhand entschloss, nach seiner Bundeswehrzeit mitzukommen. Er möchte aber nur für ein paar Wochen die Weite Australiens erleben, bevor er sein Studium antritt. Steffen saß zufällig schon im Flieger nach Sydney neben uns und wir waren uns alle auf Anhieb sympathisch. Da wir mit derselben Work-and-Travel-Organisation aufgebrochen sind, saßen wir in Sydney auch gemeinsam im Vorbereitungsseminar und stellten fest, dass wir die gleichen Ideen und Ziele für unsere Reise haben.

So fahren wir nun zu dritt die Ostküste von Sydney nach Cairns Richtung Norden hoch. Allerdings nehmen wir nicht wie die meisten anderen den Backpacker-Touristenbus. Steffen hatte die bahnbrechende Idee, ein Auto zu kaufen. Da er kaum Englisch spricht, konnte ich ihm dabei gut helfen. Zügig haben wir in Sydney alles für unseren Trip organisiert und ein paar Startschwierigkeiten überwunden. Schon beim Visumsantrag vor der Abreise habe ich gemerkt, dass es Bürokratie nicht nur in Deutschland gibt. Wir müs-

Unser Zuhause an der Ostküste: ein uralter Ford Falcon.

sen für die kleinen Jobs, die unsere Kasse auffüllen sollen, tatsächlich eine Steuernummer beantragen. Auch ein Postfach brauchen wir, in dem zukünftige Gehaltsabrechnungen gesammelt werden, und ein australisches Bankkonto. Bei der Autozulassung hätte ich mir einen Übersetzer für den Papierkrieg gewünscht. Doch nichts davon kann uns aufhalten.

Nach einem Abstecher in die Blue Mountains westlich von Sydney reisen wir immer am Meer entlang. Wir genießen es, einfach nur in den Tag hinein zu leben. Wenn Steffen und Felix später aufstehen, dann brauchen wir uns nur noch zu überlegen, was wir heute machen wollen. Schwimmen? Angeln? Durch den Wald laufen? Eine einsame Bucht suchen? Bodyboarding in den Wellen? Eine Wasserfalldusche? Alles ist möglich.

Totale innere Freiheit.

Aber was heißt eigentlich frei sein? Wir essen, wenn wir hungrig sind und schlafen, wenn wir müde sind. Wir angeln, wenn wir Lust auf Fisch haben. Wenn ich eine Auszeit brauche, lege ich mich an den Strand oder laufe durch den Wald, um Kraft zu tanken. Es ist meine Freiheit, zu vergessen, welcher Wochentag eigentlich heute ist. Abends schaue ich so lange ins Lagerfeuer, bis ich kein Feuerholz nachlegen möchte. Ich fühle die Freiheit, wenn ich den Sternenhim-

Felix kocht Nudeln mit Tomatensauce auf unserem kleinen Gaskocher.

mel genieße, den Wind in meinem Gesicht spüre und die Sonnenstrahlen auf meiner Haut. Gerade ist das einzige Limit meiner Freiheit der Füllstand meines Bankkontos.

Schwimmen in der starken Brandung der Ostküste ist auf jeden Fall ein guter Start in den Tag. Danach schmieden wir gemeinsam Pläne, verwerfen sie, verwirklichen neue – ohne To-do-Listen, aber immer mit einem Lachen. Unsere Reisegemeinschaft gibt mir gerade alles. Da, wo wir unseren Wagen anhalten und unser Zelt aufschlagen, wohnen wir. Wir brauchen keine Campingplätze und keine Hostels, nur einen schönen Ort irgendwo in der Natur. Wo wir niemanden stören und wo uns niemand stört. Da, wo ich die Freiheit spüre, wenn ich morgens den Reißverschluss des Zelts öffne und wenn ich ihn abends schließe.

Aber ist Freiheit wirklich grenzenlos? Nein. Denn die eigene Freiheit hört da auf, wo wir die Freiheit des anderen verletzen. Im Volksmund ausgedrückt: »Was du nicht willst, was man Dir tu, das füg auch keinem anderen zu.« Und so überspannen wir in unserem jugendlichen Leichtsinn auch schon mal den Freiheits-Bogen. Wir zelten in Port Macquaire am Shelly Beach, wo Zelten ausdrücklich verboten ist. Da wir uns in eine abgelegene Ecke verziehen, keinen Müll hinterlassen und niemanden stören, ist das in unserem Ermessen in Ordnung. Nach dem Aufstehen genießen wir die warme Salzwasserbadewanne direkt vor uns. Luxus pur. Keine Villa könnte mir ein komfortableres Gefühl geben. Wir genießen Strandspaziergänge und den Tag in den Wellen.

Neugierige Kängurus wecken uns früh am Morgen.

Ein anderes Mal geben wir spät in der Nacht die Standplatzsuche auf und beschließen, in der Kleinstadt Gympie einfach gemütlich im Stadtpark zu zelten. Wie jeden Abend bauen wir in weniger als einer Minute unser Igluzelt auf. Steffen schläft im Wagen und Felix und ich genießen den weichen Rasen als Matratze.

Am nächsten Morgen nimmt das Drama seinen Lauf. Das Ordnungsamt fährt vor. Ja, auch im freiheitsliebenden Australien gibt es diese Institution. Die beiden Ordnungshüter schauen streng, verweisen aufs Gesetz und die Warnschilder am Parkeingang. Sie verlangen, dass wir 340 Dollar Strafe zahlen. Wir diskutieren lange und versuchen uns herauszureden. Schließlich sind wir ahnungslose Touristen. Zum Glück zieht das Argument. Wir kommen noch mal so davon, wenn wir schnell verschwinden.

Steffens Ford Falcon ist die Schutzburg unseres Abenteuers. Wir haben den Wagen direkt in Sydney gekauft. Dort haben wir speziell nach Backpackerautos gesucht. Zuerst haben wir uns im lokalem Backpacker-Automarkt der Hauptstadt umgesehen. In einer unwirtlichen, trostlosen Halle hält ein Händler alte, teils schrottreife Autos und Vans bereit. Dafür verlangt er noch unfassbare Preise und versucht uns zu locken: »Ich kaufe euch den Wagen innerhalb eines Jahres für zehn Prozent weniger wieder ab, wenn ihr ihn in ähnlichem Zustand zurückbringt.« Später erfahre ich von anderen Backpackern, dass derartige Angebote immer eine Falle sind.

Am Aushängebrett unseres Hostels werden wir später fündig. Dort hängt eine Anzeige ganz klassisch mit kleinen Abreißzetteln. »Blauer Ford Falcon Kombi zu verkaufen. 18 Jahre alt, in gutem Zustand. Komplett mit Campingausrüstung, Kocher, Töpfen, Geschirr, Straßenkarten und Angelausrüstung.« Ich wähle leicht nervös die Nummer. Es ist mein erstes Telefonat auf Englisch. Wir verabreden uns mit Kelly. Die junge Britin empfängt uns am nächsten Tag. Wir betreten eine trostlose Wohnung im zweiten Stock eines heruntergekommenen Hauses, die sich vier junge Backpacker teilen. Kelly hat sich für einen horrenden Preis ein kleines Zimmer gemietet. Innenstadtlage in Sydney ist nichts für den kleinen Geldbeutel und große Ansprüche. Aber die Wohnung riecht nach Abenteuer. Besonders viele junge Briten leben, arbeiten, feiern in Sydney für ein paar Monate. Nach der Schule zieht es sie in ihr Gap Year, ihre Auszeit zwischen Schule und Ausbildung. Im Commonwealth-Staat Australien gelten für sie ähnlich liberale Bedingungen auf dem Arbeitsmarkt wie für uns innerhalb der EU. Die jungen Leute halten sich mit Nebenjobs über Wasser und sammeln Erfahrungen. Kelly arbeitet als Kellnerin.

Sie zeigt uns den Wagen und versucht alle Vorteile hervorzuheben. Aber das ist gar nicht nötig. Der Falcon ist ein absolutes Schmuckstück. Natürlich ist er alt und verschrammt, aber er hat genug Platz für all unsere Träume.

»Meine Freunde sind schon in Neuseeland. Ich möchte jetzt endlich den Wagen verkaufen«, erzählt uns Kelly etwas traurig. »Dann möchte ich sofort losfliegen.« Soviel Freiheit ein Auto mit sich bringt, es kann natürlich auch zum Klotz am Bein werden. Uns ermöglicht das eine gute Verhandlungsposition. So schaffe ich es, einen wirklich guten Preis auszuhandeln. Für 1500 Dollar übernimmt Steffen den Wagen. Kelly ist glücklich, weil sie zu ihren Freunden weiterfliegen kann und wir sind glücklich, weil uns das Abenteuer ruft. Innerhalb nur weniger Stunden haben wir ein Auto gesucht, gefunden, gekauft und zugelassen. Wahnsinn, wie einfach und spontan die Dinge hier ablaufen.

Nicht jeder findet unsere Freiheit, irgendwo da draußen zu leben, zu kochen und zu schlafen, so romantisch wie wir. Es ist Samstagabend. Entgegen unseren Gewohnheiten kochen wir nicht Nudeln mit Tomatensauce oder Reis mit Hähnchen und BBQ-Sauce auf dem Kocher, sondern gehen zum All-you-can-eat-Buffet beim Chinesen. Und anders als sonst trinken wir nicht einen Absacker mit Blick aufs Meer, sondern gehen in Mackays Dorfdisko tanzen. Wir werden auf reichlich Tequila eingeladen, als ein paar andere Gäste hören, dass wir aus Deutschland kommen. So lernen wir Maggie kennen. Sie ist wie wir Anfang 20, aber wohnt noch bei ihren Eltern. Als sie erfährt, dass wir jede Nacht zu dritt in einem Auto oder Zelt schlafen, bedauert sie uns sehr. Was finden andere nur so komisch an unserer Freiheit? Sie lädt uns ein, bei ihren Eltern im Wohnwagen zu übernachten, wo es immerhin zwei breite Betten gibt. Wir fahren mit ihren Freundinnen und ihrer Schwester zurück und haben noch einen gemütlichen Abend mit sehr viel Bier im Caravan.

Nachdem am frühen Morgen die Mädels zurück ins Wohnhaus gewankt sind, stellen wir fest, dass eine riesige Spinne eines der beiden Betten blockiert. Sie sitzt hinter dem löchrigen Moskitonetz im Fenster direkt darüber. Handtellergroß ist sie. Ob sie giftig ist, wissen wir nicht. Völlig unbeeindruckt von uns wartet sie regungslos auf ihre Beute. Sie bräuchte sich nur runterplumpsen lassen und schon säße sie auf uns.

Zum Glück steht der Mensch nicht auf dem Speiseplan von Spinnen. Trotzdem entbrennt eine Diskussion über die Schlafplätze. Steffen erklärt sich schließlich heldenhaft einverstanden, im spinnenverseuchten Bett zu schlafen, vermutlich seinem Alkoholpegel geschuldet. Felix und ich legen uns zu zweit in das andere Bett. Hier liegen wir wunderbar. Wir sind schon fast eingeschlafen, als eine vertraute Person durch die Dunkelheit angewankt kommt. Steffen schmeißt sich in unser Bett. Der Angstschweiß steht ihm auf der Stirn. Im Endeffekt schlafen wir also noch beengter als im Falcon. Trotzdem: Australische Gastfreundschaft ist unschlagbar.

Tag für Tag nähern wir drei uns unserem gemeinsamen Ziel: Cairns, eine charmante Großstadt im Norden der Ostküste. Unterwegs erkunden wir Brisbane, gehen Feiern in Surfers Paradise und wandern in den Glass House Mountains.

Wir probieren herrlich zartes Krokodilfleisch, das wir direkt an einer Krokodilfarm kaufen. Oft essen wir Fisch, den wir selber angeln. Obst und Gemüse kaufen wir an kleinen Ständen direkt an den Feldern. Wir nehmen Boote zu Inseln im Great Barrier Reef. Dort schnorcheln wir nach Herzenslust. In Airlie Beach feiern wir und lernen Mädels kennen. Wir schwimmen in Wasserfällen im Regenwald und freuen uns über die natürliche Süßwasserdusche.

Unser Lebensstil ist unfassbar günstig. Wir geben nur Geld für Lebensmittel und Bier aus, für Sprit, kleinere Autoreparaturen, Eintritt und für Bootsausflüge. Unsere Reisekasse schrumpft sehr langsam, aber sie schrumpft. Da wir ein »working holiday«-Visum haben, wollen wir das ändern. Dieses Visum erteilt die Regierung an junge Menschen, die kurzzeitig in Australien leben und arbeiten wollen. Jeder kann damit in jedem Job arbeiten.

Allerdings gibt es einen Haken, der uns erst so richtig bewusst wird, als wir schon im Land sind. Man darf maximal drei Monate für denselben Arbeitgeber arbeiten. So vermeidet

So fühlt sich Weite an:
ein menschenleerer Strand in Queensland.

die Regierung die Unterwanderung von attraktiven Arbeitsplätzen durch Ausländer. Weil keine Bank, kein Ingenieurbüro einen Mitarbeiter für nur drei Monate einstellt, bleiben nur schlecht bezahlte Jobs für Backpacker übrig. Typischerweise arbeiten Reisende auf Feldern als Erntehelfer, im Service in der Gastronomie oder im Verkauf von bekannten amerikanischen Schnellrestaurants. Für solche kurzfristigen Jobs ist das Visum aber unschlagbar.

Schon in Gympie, auf der Hälfte unserer gemeinsamen Strecke, versuchen wir unser Glück. Wir haben von unserer Organisation Infomaterial mit Telefonnummern von potentiellen Arbeitgebern erhalten, die sich aber leider alle als nicht brauchbar erweisen. Manche fragen auch verdutzt, woher wir ihre Nummern haben. Unsere Organisation entpuppt sich in dieser Hinsicht als völlig rausgeschmissenes Geld. Sie vermittelt entgegen ihrer »Job in maximal fünf Tagen«-Versprechen gar nichts. Also müssen wir uns auf uns selbst verlassen und fahren einfach von Farm zu Farm. Von denen gibt es hier hunderte.

Aber auch bei allen Bauern ernten wir nur Kopfschütteln. Enttäuscht, dass Arbeit kriegen schwieriger ist, als unsere Organisation uns das versprochen hat, reisen wir weiter.

Wir fahren nach Bowen, wo wir auf den Showgrounds campen. Hier findet nächste Woche das jährliche Rodeo statt. Dann wird das kleine Dörfchen vor lauter Besuchern aus allen Nähten platzen. Bowen besteht sonst nur aus einem kleinen Dorfzentrum und endlosen Feldern. Am nächsten Morgen soll unsere Jobsuche starten. Wir sind optimistisch, dass wir hier Arbeit finden werden, haben aber trotz intensiver Bemühungen kein Glück. Wir schreiben uns bei zwei verschiedenen Agenturen ein, die Landwirtschaftsarbeiter an Bauern vermitteln, uns aber auch keinen Job anbieten können. Warum das denn so schwierig ist, wollen wir wissen, warum es keine Jobs als Erntehelfer gibt. Die klassischen Backpackerjobs sind doch vermeintlich so einfach zu kriegen? Die Antwort ist desillusionierend. Die Erntesaison ist in vollem Gange. Die Landwirte haben sich offenbar rechtzeitig um Personal bemüht und genügend Arbeiter gefunden. Auf den Felder wimmelt es nur so von Menschen, die für ein karges Gehalt im Akkordtempo Früchte pflücken.

Dennoch fahren wir am nächsten Morgen los und steuern auf eigene Faust viele Farmen an. Alle haben an ihrer Ein-

Zum Schlafen suchen wir uns gerne Panoramaplätze.

fahrt ein Schild hängen: »No labour required« – keine Erntehelfer benötigt. Wir versuchen es trotzdem. Ich sage auf jedem Hof meinen Standardsatz: »We are three Backpackers, do you have some work for us?« Doch nirgendwo haben wir Erfolg. Stundenlang klappern wir eine endlose Reihe von Farmen ab, bevor wir uns enttäuscht auf die Suche nach einem Schlafplatz machen. Wir finden einen traumhaften Übernachtungsplatz, einsam, direkt am Meer auf roten Felsen. Ein wunderschöner Sonnenuntergang versüßt uns den Abend. Schöner kann man nicht schlafen. Von einem erfolglosen Tag lassen wir uns nicht unterkriegen.

Der nächste Morgen beginnt ähnlich. Von den ersten beiden Bauern bekommen wir Absagen. Doch auf dem Hof von Keith Ross haben wir Erfolg. Er begrüßt uns freundlich und sagt uns, dass er noch drei starke Helfer gebrauchen könne. In einem breiten ländlichen Dialekt gib er uns eine Beschreibung der Arbeit, die wir fast gar nicht verstehen. Wir freuen uns aber so über die Zusage, dass wir uns darum erst einmal nicht weiter kümmern. Morgen um 6.30 Uhr sollen wir wiederkommen und dann können wir alle Formalitäten mit den Steuernummern regeln. Was für ein Gefühl! Wir haben in einem fremden Land ohne fremde Hilfe einen Job gefunden. Unsere deutsche Organisation hat uns kein bisschen geholfen.

Dann geht's los. 5.20 Uhr aufstehen. Wir sehen einen traumhaften Sonnenaufgang über dem Wasser und fahren in den kühlen Morgen. Keith begrüßt uns freundlich, er hat sogar unsere Namen noch im Kopf. Dann fahren wir auf der Ladefläche eines Lastwagens aufs Feld. Wir lernen direkt unsere drei Kollegen kennen: Jim, Neil und Adam, kräftig

gebaute Australier, die diesen Job hauptberuflich machen. Die Verständigung mit ihnen ist schwierig, denn ihr ländlicher Akzent ist kaum als Englisch auszumachen.

Wir werden auf einem scheinbar endlosen Tomatenfeld in der angenehmen Morgenkühle ausgespuckt. Noch ist die Sonne erträglich, aber in ein paar Stunden werden wir sehr froh über lange Ärmel und Hut sein. Um den Pflückern einen Vorsprung zu geben, stutzen wir mit Macheten zunächst ausufernde Tomatenpflanzen zurecht. Dann geht es ans Einsammeln. Zwischen den endlosen Reihen der Tomatensträucher stehen in regelmäßigen Abständen gefüllte Eimer.

Unsere Aufgabe ist es, die Eimer mitsamt ihren rund 15 Kilo Inhalt über die parallel verlaufenden Strauchreihen zu unserem Kollegen zu heben, der sie zu einem weiteren Kollegen über die nächste Strauchreihe hebt, welcher sie in den nebenher fahrenden Lastwagen kippt. So können alle gepflückten Tomaten aus fünf Reihen schnell in den Laster gefüllt werden, der diese dann für die Verpackung zur Scheune bringt. Jeder volle Eimer ist mit einem Clip versehen, der anzeigt, welcher Pflücker ihn gefüllt hat. Wir sammeln die Clips ein, damit der Bauer weiß, welcher Pflücker wie viel Geld am Ende kriegt.

Die Arbeit wird mit der Zeit sehr anstrengend. Wir wuchten hunderte der Eimer. Zur Mittagspause greifen wir uns ein paar von den reifen roten Tomaten. Sie werden von den Pflückern sowieso hängen gelassen. Tomaten müssen unreif gepflückt werden, um matschige Exemplare zu vermeiden. Ich habe noch nie in meinem Leben so leckere Tomaten gegessen! Sie schmecken süßer als jeder Apfel und es wundert mich, dass Tomaten als Gemüse gehandelt werden und nicht als Obst.

Die anderen Arbeiter sind etwas einsilbig. Adam erklärt, dass er aus Perth kommt und Türsteher war, was zu seinem Massivholzwandschrank-Körperbau passt. Jim erzählt, dass er in Bowen geboren wurde, hier schon immer auf Feldern arbeitet und auch hier seine Frau kennen gelernt hat. Die kommt ebenfalls aus Bowen. Vermutlich werden sie hier auch nie wegkommen. Haben sie nicht die Freiheit, die wir gerade leben, wollen sie diese Freiheit nicht, oder wissen sie vielleicht gar nichts von dieser Freiheit? Immer in einem Ort leben? Immer auf Feldern arbeiten? Nie über den Tellerrand schauen?

Richtige Freunde werden wir nicht. Ich empfinde die drei nicht nur als einsilbig, sondern als feindselig. Vielleicht betrachten sie uns als Konkurrenz? Sie geben sich auf jeden Fall keine Mühe, ein gesittetes Verhalten zu zeigen. Sie rülpsen und furzen und haben sichtlich Freude daran. Ihr Slang ist so stark, dass wir sie kaum verstehen können, und interessiert an uns sind sie auch kein bisschen.

Die Arbeit wird am Nachmittag zur Qual. Wir haben schon unfassbar viele Eimer gehoben, die Arme wollen nicht mehr so richtig und die Sonne brennt unbarmherzig. Um drei Uhr kommt der Abpfiff. Was für ein Glück. Zurück am Hof unterhalten sich die drei mit dem Farmer und werfen ein paar feindselige Blicke herüber. Kurz darauf meckert uns der Bauer an: »Ihr arbeitet zu langsam. Ihr macht zu viele Pausen.« – »Was für ein Unsinn, die anderen waren genauso schnell wie wir. Außerdem war das unser erster Tag«, entgegne ich ihm. Aber aus irgendeinem Grund kocht er vor Wut, und wir beschließen, uns zügig zu verdrücken. »Morgen werden wir weitersehen«, knurrt er uns hinterher. Leicht irritiert und völlig ausgepowert fahren wir zu unserem Schlafplatz am Meer zurück. Um halb acht liegen wir im Auto und schlafen schnell ein.

Der nächste Arbeitstag fängt wieder früh an, nur dass mein Muskelkater ihn noch schlimmer macht! Bis zur Mittagspause, die wir wieder im Schatten einer Scheune verbringen, läuft die Arbeit okay. Dann macht die Sonne jede Bewegung zur Qual. Mittlerweile haben wir so viele Tomaten verladen, dass alle Supermärkte der Ostküste versorgt sein müssten. Unsere Kollegen sind heute noch einsilbiger als gestern.

Als wir am Nachmittag zurück auf dem Hof sind, kommt der Farmer zu uns und schnauzt uns an, dass wir immer

Eine Wasserfalldusche macht glücklich.

noch nicht schnell genug arbeiten. »So ein Schwachsinn. Wir haben genauso schnell gearbeitet wie alle anderen auch«, entgegne ich ihm erneut. Wutentbrannt kündigt er uns. Anscheinend gibt es nicht genug Arbeit für sechs Farmarbeiter und so vermuten wir, dass uns die anderen loswerden wollten. Mit so einem Boss will ich aber auch keine Minute länger zusammenarbeiten. Ich weise ihn erst freundlich darauf hin, dass wir noch Geld bekommen. Dann erinnere ich ihn noch zweimal so lautstark daran, dass alle Packerinnen in der Scheune große Ohren kriegen.

Nach einigem Gemurmel rückt er schließlich einen Scheck raus, den wir noch am Nachmittag bei der Bank einlösen. Immerhin: eine akzeptable Summe für zwei schweißtreibende Tage. Hart erkämpftes Geld. Das war unser erster Job in Australien und er war schon eine Erfahrung für sich. Zum Glück entschädigt unser genialer Schlafplatz für alle Strapazen und den Ärger am Nachmittag.

Nach diesem kurzen Ausflug in die Arbeitstätigkeit fahren wir weiter Richtung Norden. In Cairns wollen wir noch gemeinsame Zeit verbringen. Wir möchten das Great Barrier Reef erkunden und schauen, was das Backpacker-Nachtleben dort so zu bieten hat. Mit jedem Kilometer wird die Luft heißer und schwüler, die Vegetation dichter und tropischer. Besonders die letzten 150 Kilometer haben es uns

Die erste selbstgepflückte Kokosnuss.

angetan. »The Great Green Way« hält viele Wasserlöcher und Wasserfälle bereit. In den Sümpfen lauern die gefährlichen Salzwasserkrokodile auf Beute. In den dichten Regenwäldern warnen Verkehrsschilder vor Unfällen mit dem Kasuar (Cassowary), einem australischen Laufvogel.

Dann wird die Vorstadt dichter und wir fahren über die Zielgerade in Cairns ein. Auf der einen Seite freuen wir uns, weil es das finale Highlight unseres Trips ist. Auf der anderen Seite ist es auch das Ende. Unsere Wege werden sich nun bald trennen. Auf jeden Fall war die Idee mit dem Autokauf unglaublich gut. Wir haben sieben Wochen die totale Freiheit genossen.

In der Innenstadt treffen wir zufällig ein Mädchen wieder, das mit uns und der Organisation nach Sydney geflogen ist. Sie hat den beliebten grünen Backpacker-Bus genommen, um die Ostküste zu bereisen. Auch sie ist begeistert von ihrem Trip. Aber sie war immer darauf angewiesen, dass freie Plätze für ihre gewünschte Fahrtstrecke vorhanden waren. Sie war festgelegt auf die Route, die der Bus nimmt. Keine Möglichkeiten, mal links und rechts zu schauen. Spontan zu sein. Wasserfälle zu entdecken oder an einem Strand zu halten. Sie war abhängig von freien Betten in Hostels, die sie immer vorbuchen musste. Um Gewissheit zu haben, wo sie schläft, musste sie sich im Vorhinein festle-

Roadtrip ins Unbekannte.

gen. Ihre einzige Freiheit war, dass sie entlang der Route ein- und aussteigen konnte, wo sie wollte. Ziemlich wenig Entscheidungsfreiheit für ein Abenteuer fern von zu Hause, finde ich. Von den ganzen Orten, die wir abseits des Highways bereist haben, hat sie noch nie gehört. Nur von den Klassikern, Byron Bay und Fraser Island, wo alle halten. Wo das Werbefoto menschenleere Strände zeigt, man sich jedoch in der Realität nicht vor Touristen, Souvenirverkäufern und allgemeinem Menschengewimmel retten kann.

»Ich habe leider unglaublich viel Geld ausgegeben. Die Bustickets und die Hostel-Übernachtungen waren so teuer. Ich hab zu Hause so viel angespart, aber ich fürchte, damit komme ich nicht hin. Ich muss in Cairns so dringend Arbeit finden«, sagt sie verzweifelt.

Auch wir hatten unsere Tiefpunkte mit unserer speziellen Art zu reisen. Am ersten Tag, direkt als wir aus Sydney rausfuhren, ist der Wagen liegengeblieben. Der Kühler hatte ein Leck und wir mussten häufig Wasser nachfüllen. Im tropischen Norden, an einem wunderschönen Wasserloch abseits des Highways, sprang das Auto nicht mehr an. Nichts ging mehr. Kein Motorspray. Kein Starterkabel. Kein Anschieben. Kein Überbrücken. An einem einzigen, aufreibenden Tag haben wir einen Abschleppwagen organisiert und den Wagen reparieren lassen.

An einem anderen Tag hat Felix das Auto bei der Schlafplatzsuche mit einem Reifen in ein Loch gefahren, sodass wir die ganze Nacht schräg standen. Am nächsten Morgen zog uns ein Nachbar mit seinem Geländewagen raus. Unserem Dank entgegnete er einfach nur das australische Lebensmotto: »No worries!«

Aber sind es nicht genau diese Tiefpunkte, die wir besonders intensiv und als Abenteuer erleben? Sie ermöglichen Begegnungen, fordern uns heraus und werden zu den Reisegeschichten, die wir hinterher immer wieder erzählen. Nie im Leben möchte ich unserer freies Leben, bei dem am Morgen noch nicht klar ist, wo der Tag enden wird, gegen die Sicherheit und Bequemlichkeit eintauschen, die eine Reise mit dem Backpackerbus zu bieten hat.

Was ich gelernt habe:

› Ich liebe es, in den Tag hinein zu leben.

› Mit einem cholerischen Chef und feindseligen Arbeitskollegen kann ich nicht arbeiten.

› Freiheit macht mich glücklich.

3

Auf Solotour

Schwieriger Neuanfang in Kuranda

Der große Abschiedstag ist gekommen. Heute werden meine Reisegefährten Steffen und Felix ihren Weg zurück nach Sydney antreten und ich werde mein Abenteuer hier im tropischen Norden allein fortführen. Sieben tolle Wochen liegen hinter uns. Sieben Wochen voller Freiheit, Freundschaft, puren Lebens, Abenteuer und Roadtrip-Romantik. Mich beschleicht ein mulmiges Gefühl. Ich habe mich so an unsere Reiseart zu dritt gewöhnt. Wir haben schließlich jede Minute in dieser Zeit geteilt. Und jetzt soll ich alleine klarkommen?

Unsere Organisation wird mir nicht helfen. Das ist schon mal sicher. Jetzt bin ich wirklich auf mich alleine gestellt. Aber warum sollte ich das nicht schaffen?

Auch für die beiden anderen wird es komisch sein. Felix wird in ein paar Tagen wieder vor der heimischen Haustür in unserer niederrheinischen Kleinstadt stehen und Steffens Freund kommt in vier Tagen in Sydney an. Dann werden die beiden in Richtung Uluru (Ayers Rock) aufbrechen.

Gemächlich schraubt sich der Falcon die Serpentinen ins Hochland hinauf. In einer Wohnsiedlung der kleinen Regenwaldstadt Kuranda halten wir an und misten unser Schlachtschiff aus. Unser ganzes Hab und Gut landet auf einer Wiese. Schlafsäcke, Kochutensilien, Kleidung, Vorräte fliegen durcheinander. Die vorbeifahrenden Menschen können nur den Kopf schütteln, so als wären wir Vandalen, die ihren Wohnort befallen. Dann, nachdem jedes Kleidungs- und Ausrüstungsstück im richtigen Rucksack verstaut ist, bringen mich Felix und Steffen wie verabredet um 14 Uhr zur Post in Kuranda. Hier habe ich mit Larry ein Treffen verabredet, sodass mein Abenteuer weitergehen kann.

Den Kontakt zu ihm habe ich über die WWOOF-Organisation bekommen. WWOOF steht für »willing workers on organic farms«, was im Jahr 2000 in »World-Wide Opportunities on Organic Farms« umbenannt wurde. Das Prinzip ist simpel. Für eine geringe Jahresgebühr trete ich dem Verein bei und erhalte ein dickes Buch voller Adressen von möglichen Hosts – zu diesem Zeitpunkt noch ganz klassisch in Papier-

Wir sortieren unsere Sachen aus dem Auto, um sie wieder in drei Rucksäcken zu verstauen.

form. Inzwischen gibt es weitere Anbieter auf dem Gebiet, etwa Workaway und HelpX, die preisgünstigere Alternativen sind. Bei meinem Aufenthalt ist das Prinzip aber noch recht unbekannt: Gegen eine Arbeitsleistung von vier bis sechs Stunden pro Tag bekomme ich freie Unterkunft und Verpflegung. Dabei gehe ich aber kein Angestellten-Chef-Verhältnis ein. Vielmehr ist die Grundidee, dass man gemeinsam arbeitet und auch gemeinsam Freizeit verbringt. Es soll ein kultureller Austausch entstehen, von dem beide Seiten profitieren. Mögliche Gastgeber und Einsatzmöglichkeiten sind über das ganze Land verstreut. Meistens sind es Obst- und Gemüsefarmen, die abseits der Touristenorte liegen. Aber auch Museen, Schmetterlings- und Krokodilzüchter, Forstbetriebe, Bibliotheken und ähnliche Einrichtungen inserieren.

So stehe ich an der Postfiliale und warte ungeduldig darauf, meine erste derartige Stelle antreten zu dürfen. Doch niemand erscheint. Kein Larry da. Wir warten eine Viertelstunde und ich beginne, mir Sorgen zu machen, weil ich Absprachen am Telefon auf Englisch manchmal noch nicht richtig verstehe. Habe ich mich vielleicht verhört? Ich rufe noch einmal die angegebene Nummer aus meinem WWOOF-Buch an, aber keiner hebt ab. »William Smith Drive« steht da. In der Post frage ich die Frau am Schalter nach einer Wegbeschreibung und schon dampfen Felix, Steffen und ich los. Die Straße führt in den Wald. Mächtige Bäume säumen den Rand und wenige Meter weiter beginnt das undurch-

Larrys Haus in Kuranda: Hinter dem Balkongitter befindet sich das offene Wohnzimmer mit Küche, eine Etage höher die Schlafräume.

dringliche Dickicht. In unregelmäßigen Abständen sehen wir Briefkästen an Einfahrten, die von der Straße ins Gestrüpp führen. Dann sind wir da.

Eine sich windende Sandpiste führt auf das Grundstück, auf dem ein luftiges Haus steht. Eigentlich hatte ich eine Farm erwartet, weil der Grundgedanke der WWOOF-Organisation eine Tätigkeit in der Landwirtschaft ist. Die Autotüren knallen zu und im gleichen Moment kommt ein Mittvierziger aus dem Haus geschlurft. Wir begrüßen uns kurz. Larry murmelt ein paar unverständliche, distanzierte Worte, warum er nicht bei der Post war. Dann winkt er mich Richtung Haus, wo er verschwindet. Ein merkwürdiger Beginn.

Ich nehme meine Sachen aus dem Auto. Eine viel zu kurze, aber herzliche Verabschiedung von meinen Reisekumpanen folgt. Dann biegt der blaue Falcon um die Ecke und ich fühle mich alleine und desorientiert. Mein Zuhause, meine Freunde und alles, was mir Rückhalt gegeben hat, sind auf einmal hinter der Wegbiegung verschwunden.

Für einen Moment fühle ich mich, als hätte mir jemand einen kräftigen Magenhieb verpasst. Nervosität schwappt in mir hoch. Aber gleichzeitig bin ich auch neugierig auf das Haus und die Begegnung.

Ich kann meine Sachen in einem Gästezimmer unter dem Dach verstauen. Larry ist vor vielen Jahren aus England hier eingewandert. Er wohnt alleine in diesem Haus. Die Architektur ist ziemlich geschickt gewählt. Alle Zimmer sind offen, sodass eine Brise die Hitze vertreiben kann. Das Wohnzimmer ist im Prinzip ein Balkon mit einer Wohnküche. Nur die beiden Schlafzimmer unter dem Dach haben verschließbare Türen. Ein Papayabaum wächst vor der Front des Hauses und versorgt den Besitzer mit Früchten. Das Grundstück ist für australische Verhältnisse eher klein, eine Rasenfläche mit ein paar Palmen.

Den Rest des Tages verbringen wir mit essen, Zeitung lesen und Football schauen, bevor Larry früh ins Bett will. Irgendwie ist die Atmosphäre etwas unangenehm, weil ich kaum weiß, worüber wir reden sollen. Er scheint kein übermäßiges Interesse an mir zu haben. Erschöpft von meiner Reise falle ich abends auf meine Matratze und schlafe schnell ein. Endlich mal keine Restsorgen vor dem Ordnungsamt oder verunsicherten Anwohnern, die keine Backpacker vor ihrem Haus schlafen sehen wollen.

Am nächsten Morgen wache ich schon früh auf, es ist 6.30 Uhr. Unheimliche Schreie aus dem Wald wecken mich. Ich mache die Holzfensterläden auf und erkenne kaum etwas von der Umgebung, weil die Feuchtigkeit aus dem Dschungel wie ein Teppich über dem Grundstück liegt. Ein schöner grüner Gecko hat sich in mein Zimmer verirrt und sitzt bewegungslos an der weißgetünchten Wand. Ich fühle mich gut, bin ausgeschlafen und neugierig. Optimismus macht sich in meinem Bauch breit.

»Steve, are you awake? I have to go!«, ruft Larry mir entgegen und ich gehe ins Wohnzimmer. Der Hausherr gibt mir ein paar Anweisungen für den Tag und macht sich dann auf den Weg zu seiner Arbeit. Bevor ich darüber nachdenken kann, ist er verschwunden.

So habe ich mir das aber nicht vorgestellt, denke ich mir etwas entmutigt. Die Spielregeln für die WWOOF-Arbeitsstellen sehen eigentlich vor, dass man mit der Familie lebt und arbeitet. Jetzt soll ich den ganzen Tag am Haus ohne Kontakte zu irgendjemandem verbringen? Nachbarn sind nicht zu sehen, weil das Haus von Wald komplett eingerahmt ist. Auch die Straße ist nicht zu hören.

Ob Larry auf der anderen Seite keine Bedenken hat, jemand völlig fremdes in seinem Haus zu haben? Na ja, mal schauen, was der Tag bringt, nehme ich mir vor. In meinem Bauch kribbelt es auf jeden Fall. Fallenlassen ins Ungewisse – auch um solche Situationen ging es mir ja bei dieser Reise nach Australien.

Die herrliche morgendliche Frische weicht schnell feuchter Hitze. Nach dem Frühstück bin ich damit beschäftigt, Holzscheite aus einem Anhänger hinter dem Haus aufzustapeln. Jedes Mal, wenn ich neue Scheite hole, muss ich an dem Netz der größten und ekligsten Spinne, die ich je gesehen habe, vorbeilaufen. Schon als Larry mir am Vortag kurz das Haus gezeigt hat, habe ich mich vor dem Tier erschreckt. Larry besteht aber darauf, dass es unter dem Balken wohnen bleibt. »Die fängt die Fliegen weg. Wir sind in Australien, giftige Tiere leben hier überall in der Nähe der Menschen. Das ist so in der Natur. Mach einfach einen Bogen drum. – No worries!« Irgendwie faszinierend ist das Tier ja schon. Aber wenn ich diesen zarten Körper sehe, der gleichzeitig wahrscheinlich sehr giftig ist, dann fühle ich mich doch unwohl.

Um elf mache ich eine Pause. Alles Holz ist hinter dem Haus auf einem Haufen gestapelt. Mein T-Shirt ist durchgeschwitzt. Die Kühle des Hauses tut gut. Ein Sandwich ist jedoch traurigerweise mein einziger Gesprächspartner an diesem Tag.

Am Nachmittag mähe ich den feinen englischen Zierrasen vor dem Haus. Gegen fünf kommt dann der Hausherr wieder. Pedantisch sieht er sich um. »Unsaubere Arbeit! Das kann ja wohl nicht wahr sein.« Er schnauzt mich an, weil ich mit ein paar Holzscheiten seine feine Veranda berührt habe und ein paar Stellen Gras vergessen habe zu mähen. Was für ein Choleriker. Stinksauer fährt er zum Tennis und lässt

Eine ungeliebte Mitbewohnerin: die größte Spinne meines Lebens.

mich zurück. Angesäuert setze ich mich auf den Balkon und schaue Zwergkängurus zu, die in der Dämmerung über das Grundstück springen. Entmutigen lassen werde ich mich von dieser Erfahrung bestimmt nicht. Aber weil ich zu diesem Zeitpunkt noch jung und unerfahren bin, beziehe ich seinen Wutausbruch tatsächlich auf mich und bin geknickt. Mein erster Versuch, mich in Australien durchzuschlagen, war wohl nicht so erfolgreich. Wie soll ich das bloß alles in diesem Land alleine schaffen? Solche Gedanken plagen mich an diesem frühen Abend. Als Larry später wiederkommt, ist er wesentlich besser gelaunt. Aber auf eine Unterhaltung hat er wieder keine Lust. Also schnippeln wir etwas Gemüse und schauen Football in einer kalten Atmosphäre. Wofür bin ich eigentlich hier, frage ich mich. So verbessere ich nie mein Englisch!

Am nächsten Morgen wiederholt sich das gleiche Spiel wie gestern. Larry gibt mir ein paar Aufgaben, fährt in seinem roten Kleinwagen zur Arbeit, und ich bin unzufrieden. Alleine im Haus rumlaufen ist nicht, was ich hier will. Die Luft ist noch kühl und feucht. Also lege ich mich zurück ins warme Bett und suche mir eine andere WWOOF-Stelle aus meinem Buch raus. Gleich nach dem Frühstück rufe ich an.

»Hi, this is Amanda«, erinnere ich mich noch heute an ihre Stimme, die sehr vertrauenerweckend klingt. Da muss ich hin, denke ich mir und beantworte alle ihre Fragen über mich. Geschätzte zwei Liter Endorphine ergießen sich über meinen entmutigten Geist, nachdem sie mich freudig für Freitag auf ihre Farm eingeladen hat. In drei Tagen bin ich in Atherton, weg von diesem Haus.

Ich recherchiere den Transfer nach Atherton, suche mir eine Taxinummer aus dem Telefonbuch raus, denn Busse fahren nicht in diesem abgelegenen Winkel. Wie leicht und gut fühle ich mich nach diesem Erfolg. Jetzt muss ich nur noch hier die Tage rumkriegen, denn ich will nicht sofort zurück nach Cairns fahren und Geld für ein Hostel verpulvern. Außerdem möchte ich nicht frühzeitig aufgeben. Heute ist erst der zweite Tag und vielleicht wendet sich noch einiges zum Guten. Manchmal muss man einen langen Atem haben. Ich beschließe, Larry erst einmal nichts von der neuen Stelle zu erzählen. Als wir meinen Aufenthalt hier vereinbart haben, war ein Zeitraum von einer Woche geplant.

Wesentlich besser gelaunt gehe ich heute an die Arbeit, die mir nun locker von der Hand geht. Die Freude über die neue Stelle treibt mich an. Ich gehe mit einer dicken Machete den Hügel hinter dem Haus hoch und befreie einen Pfad von Gewächsen und stacheligen Lianen. Das macht sogar richtig Spaß! Ich fühle mich wie der König des Dschungels. Anschließend suche ich im Dickicht nach ein paar Feuerhölzern. Dabei schrecke ich eine grüne Baumpython auf, die schnell verschwindet – genauso schnell wie ich in die Gegenrichtung. Obwohl ich Schlangen faszinierend finde, habe ich genug Dokumentationen über die australische Tierwelt gesehen, um zu wissen, dass man von Schlangen und Spinnen hier besser Abstand hält.

Zurück in Larrys Haus laufe ich prompt direkt in das Spinnennetz. Voller Panik reiße ich die klebrigen Fäden von meinem Gesicht. Wie wild beginne ich, auf meinen Kopf einzuschlagen. Was, wenn das riesige Tier in meinen Haaren sitzt? Was, wenn es giftig ist? Australien hält einige Arten bereit, die so hochkonzentriertes Gift besitzen, dass Menschen daran sterben können. »Das ist so in der Natur. Mach einfach einen Bogen drum. – No worries!«, waren Larrys Worte.

Zum Glück überlebe ich. Die Spinne scheint kein Interesse an mir zu haben. Stattdessen bleibt sie unauffindbar verschwunden. Nur langsam verebbt das Adrenalin in meinen Adern. Mit Spinnen zusammenleben – die Australier sind schon eigenwillig.

Am nächsten Morgen verrät Larry mir, dass er keine Arbeit mehr für mich hat und ich das Haus verlassen soll. Das wäre ein ganz schöner Magenhieb. Gut, dass ich mich rechtzeitig um eine neue WWOOF-Stelle gekümmert habe und morgen schon weiterziehen kann. Larry fährt mich in seinem Wagen in die Stadt, wir unterhalten uns sporadisch und ich bin froh, ihn nie wieder sehen zu müssen. Der Abschied fällt kurz und schmerzlos aus. Weiter nach Cairns nehme ich den Bus. Ich bin der einzige Fahrgast, und so erzähle ich dem Fahrer von meinem Erlebnis, das mich als Start in die Solo-Zeit meines Abenteuers nicht eben selbstbewusster gemacht hat. Der Busfahrer ist mit seiner No-worries-Mentalität so unfassbar freundlich, dass ich neuen Mut schöpfe und mich auf den Tag in Cairns freue.

Zurückblickend war der Aufenthalt auch gar nicht so schlecht. Ich habe in einem Haus im Regenwald gewohnt und interessante Tiere gesehen. Aber emotional hat mich die Situation überfordert, weil Larry die WWOOF-Idee nur zu seinen Gunsten ausgenutzt hat und ich niemanden hatte, mit dem ich mich austauschen konnte. Das war nach unserem siebenwöchigen Trip zu dritt ein kalter Entzug. Aber wenn man hinfällt, soll man ja nicht einfach nur aufstehen, sondern auch noch einen Stein mitnehmen.

Was ich gelernt habe:

› Alleine arbeiten macht keinen Spaß.

› Ein Haus mitten in der Natur würde mich sehr glücklich machen – wenn ich es mit den richtigen Leuten teilen darf. Und keine Spinnen anwesend sind.

› »No Worries« als Lebensmotto macht selbstsicher und gelassen bei Misserfolgen.

4

Auf ein Tief folgt ein Hoch

Avocado-Ernte in Atherton

Diesmal ist alles anders. Ich werde tatsächlich abgeholt. Amanda, eine dynamische Mittdreißigerin mit kurzen schwarzen Haaren, winkt mich freudig in ihren Wagen. Wir verlassen die Provinzstadt Atherton und dringen tief in die von Wäldern und Feldern geprägte Gegend ein. Dann biegen wir in eine schmale rote Staubstraße, die von Kiefern gesäumt ist. Bevor wir auf das Grundstück fahren, halten wir noch am Briefkasten an. Eine handtellergroße Riesenkrabbenspinne wartet unbeweglich in einer Ecke der kleinen Box. Zum Glück hat Amanda mich vorgewarnt, dass auch hier eine achtbeinige Mitbewohnerin lebt, die in diesem Fall sogar ungiftig ist. Nach meinem Erlebnis bei Larry wäre ich sonst wohl direkt schreiend weggerannt. Mit spitzen Fingern ziehe ich die Post heraus. Dann fahren wir weiter auf das Farmgelände, das mit 20 Hektar riesig ist, vor allem im Vergleich mit dem Haus in Kuranda.

Wir parken am Aufenthaltsraum für die WWOOFer. Im Grunde genommen ist es eine einfache Wellblechhütte neben dem Hühnerstall. Acht Hochbetten sind um einen Tisch platziert und eine kleine Küche liegt neben dem Eingang des Wohnbereichs. Neben der Tür befindet sich der Fernsehraum, der eigentlich eher eine überdachte Sofagarnitur im Freien ist. Fernab von der Stadt kommt hier nur Regenwasser aus dem Hahn, von dem es aber im oft nebligen, kühlen Hügelland reichlich gibt. Jeder hat einen kleinen Spind, der für die wenigen Habseligkeiten aus dem Rucksack reicht. Eine Heizung gibt es nicht, drinnen ist es so warm oder kalt wie draußen. Duschwasser wird durch ein Feuer erhitzt, das ständig am Brennen gehalten werden muss. Logischerweise muss das Holz dafür auch von uns gefällt werden. Bisher hat sich um diese Aufgabe immer der schweigsame Koreaner Kevin gekümmert. Der ist froh, nun männliche Unterstützung zu bekommen. Wir wohnen zusammen mit vier Engländerinnen. Auch sie sind Anfang 20 und wollen das wahre Australien auf ihrem Trip erleben – fernab von Souvenirshops und geführten Touren.

Nach einem kleinen Lunch geht es an die Arbeit. Vier Stunden am Tag verlangen die Farmer Amanda und Mark im

Gegenzug für Unterkunft, Essen und ihre Gastfreundschaft. Die beiden haben die Farm erst vor zwei Wochen gekauft. Eigentlich sind die Briten gelernte IT-Controller. In London und Singapur haben sie ihr Geld gemacht und dann beschlossen, das Leben etwas langsamer angehen zu lassen. Sie fanden die Farm in Atherton, die zum Verkauf stand, und zogen nach Australien. Sie wurden Avocadofarmer – ohne irgendwelche Ahnung von Avocados oder überhaupt Landwirtschaft zu haben. Ein riesiger Sprung ins Ungewisse, den die beiden vollzogen haben: weg vom Büro in der Millionenstadt Singapur, rein ins dünnbesiedelte Hochland von Nordaustralien. Tausche Computer gegen Traktor und Hühnerstall. Sie scheinen sich keine Sorgen zu machen, dass sie die Farm vielleicht nicht vernünftig betreiben können. Dabei beschränkt sich ihr Wissen über das Avocado-Business auf Farmworkshops und den jährlichen Kongress der australischen Avocadofarmer, von dem sie gerade zurück sind. So gerüstet bewirtschaften sie mal eben eine 20-Hektar-Farm. Ich bewundere ihre Fähigkeiten, sich vom Leben treiben zu lassen.

Wir sechs WWOOFer gehen nach dem Mittagessen direkt auf die Obstplantage. Jeder von uns ist mit Körben bewaffnet, die wir mit großen grünen Avocados füllen. Immer zwei von uns konzentrieren sich auf einen der Bäume, die in endlosen Reihen den Hang bewachsen. Wenn der Korb voll ist, werden die Früchte in einen Container entladen. Als dieser wiederum gefüllt ist, ruft der inzwischen eingetroffene Mark: »Wer geht denn das Quad-Bike holen?« Da sich niemand meldet, lasse ich mich nicht lange bitten. Ein Quad-Bike fahren? Das ist doch Urlaub, dafür bezahlen Backpacker in Cairns viel Geld, denke ich mir und laufe zur Scheune. Was für einen Glücksgriff habe ich mit dieser Stelle gemacht, schießt es mir durch den Kopf, während ich auf dem PS-geladenen Gefährt sitze und damit den Anhänger zu den Bäumen ziehe.

Dann wird es Zeit für den Feierabend. Ich friere ein wenig, der Himmel ist bedeckt. Die Temperaturen hier im Hochland sind etwas zu niedrig für eine kurze Hose und das

Avocados kann man nur bei trockenem Wetter ernten.

hohe Gras hat meine Schuhe komplett durchnässt, sodass meine Füße auskühlen. Die gesamte Mannschaft läuft zurück zum Wohnhaus, wo jeder kurz in den Genuss kommt, die dank Holzfeuer warme Dusche zu benutzen. Dann hat auch schon eine der Engländerinnen Abendessen gemacht. Sie braucht nicht in der Plantage zu arbeiten. Als Köchin ist sie nur mit der Aufgabe betraut, sich um unser Wohl und das der Familie Riches zu kümmern. Außerdem füttert sie noch die Kühe, klaut den Hühnern die Eier unter dem Hintern weg und hält den Ofen am Laufen.

Während des Abendessens herrscht eine tolle Stimmung. Es fühlt sich so richtig familiär an. Warm und herzlich sind alle und ich fühle mich wohl. Genau richtig nach der eisigen Erfahrung, die ich in Kuranda gemacht habe. Als ich über die Abläufe bei Larry erzähle, können die anderen nur den Kopf schütteln. Auf ein Tief folgt eben ein Hoch.

Abends besuchen wir unsere Nachbarn auf der nächsten Farm. Sie haben auf der Straße ein verwaistes Baby-Känguru aufgelesen. Weil die Mutter von einem Auto überfahren wurde, ziehen sie es per Flasche groß. Das kleine Tier mit den großen Knopfaugen ist so kontaktfreudig und verkuschelt! Es wird ein wunderschöner Abend. Wir spielen alle

Ein Quad ist unser Transportfahrzeug bei der Avocadoernte.

mit dem neugierigen Kängurubaby, das sich bereitwillig knuddeln, fotografieren und füttern lässt. Nur einer hat keine Freude an dem neuen Mitbewohner: Der Hofhund bellt, springt und tollt herum, weil er auch gerne etwas Aufmerksamkeit kriegen möchte. Das kleine Känguru ist jedoch ein mächtiger Gegner.

Unser Tagesablauf auf der Farm ist klar getaktet. Um 7.30 Uhr stehen wir auf, essen ein kleines Frühstück und schlüpfen anschließend in die Arbeitsstiefel. Dann geht's nach draußen. Das Wetter ist hier unstet, Nieselregen, Sonne und Wolken wechseln sich schnell ab. Das Gute daran: Passt uns das Wetter nicht, so müssen wir nur fünf Minuten warten, bis es sich verändert. In der Morgenschicht pflücken wir in der Regel Avocados, außer wenn es zu nass ist. Dann erledigen wir verschiedene andere Tätigkeiten, die gerade anstehen. Gegen 11 Uhr gibt es Morning Tea, also Tee oder Kaffee mit etwas Gebäck, Donuts oder einer anderen Kleinigkeit. Danach arbeiten wir noch einmal für zwei Stunden weiter, bevor es Mittagessen gibt. Nachmittag und Abend sind frei und wir haben Zeit für Aktivitäten.

An manchen Tagen ist es zu feucht, um Avocados zu pflücken. Sie dürfen auf keinen Fall nass verpackt werden.

Es besteht die Gefahr, dass Schimmel sie befällt und dann kaufen die Großhändler die Ware nicht ab. Wenn es also stärker regnet, fangen wir entweder später an oder erledigen andere Aufgaben. Ein Beispiel ist das Holen von Feuerholz, denn die Familie möchte so autark sein wie möglich. Damit der Ofen immer beheizt werden kann, fahren Mark, Kevin und ich an einem Nachmittag in den Wald. Das Gelände ist wirklich riesig. Schon die eigentliche Farm ist überwältigend. Rund 1000 Obstbäume stehen auf der Plantage, hauptsächlich Avocadobäume und auch einige wenige Zimtapfelbäume. Die Früchte gehen auf den asiatischen Markt. Das Fleisch ist sehr süß-cremig und für europäische Geschmäcker kaum verführerisch. Schon beim Aufschneiden kommt mir ein leicht fauliger Duft entgegen.

Unser Wohnhaus und das der Riches sind von einem großzügigen Garten umgeben, in dem auch Scheunen und Geräteschuppen stehen. Ein eingezäuntes Areal für Hühner befindet sich direkt neben unserem Schlafsaal. Auch Bananenstauden wachsen dort. Geht man den Weg weiter am Hang herunter, kommt man an einem Mandarinenbaum vorbei und gelangt zu den Kühen. Die haben eigentlich schon Schlachtreife, aber Amandas großes Herz hat den Anruf beim mobilen Schlachter bisher verhindert.

Das Hochland von Atherton. Hier liegt die Avocadofarm.

Dann beginnt das Farmland. Jenseits der Zufahrtsstraße befindet sich die zweite große Plantage und dahinter liegt ein endloses Stück Land aus Regenwald und Tümpeln. Genau dort hinein fahren wir jetzt. Mit Kettensäge und Axt bewaffnet laufen wir einen Trampelpfad entlang. Irgendwie gespenstisch ist es hier, ein Dickicht auf dem eigenen Grundstück. Schließlich finden wir einen umgefallenen Stamm. Bevor wir diesen vermodern lassen, nehmen wir ihn doch besser mit. Die Kettensäge heult auf und schnell ist ein prächtiges Stück aus dem Stamm herausgesägt, das wir an Ort und Stelle in weitere unterteilen. Der Anhänger ist proppenvoll und auf Kevin und mich kommt eine ordentliche Aufgabe zu, als wir wieder zurück beim Wohnhaus sind. Mit den Äxten rücken wir den Brocken zuleibe, wobei Kevin seine ganze Erfahrung ausspielt und das Holz schneller zerkleinert.

Ich unterhalte mich mit dem schweigsamen Jungen. Wie die meisten Asiaten, die ich in Australien getroffen habe, spricht er kein gutes Englisch. Viele junge Menschen aus Korea und Japan bewerben sich auf WWOOF-Stellen. Sie geben sich einen englischen Namen wie Kevin, Jason oder Luke. Auf diese Art hören sie vormittags in ihrem Arbeitsalltag gesprochenes Englisch und an den freien Nachmittagen stecken sie ihre Nasen in die Lehrbücher und pauken eng-

Langweilig ist nie auf der Farm, jeden Tag erleben wir etwas Neues.

lische Grammatik. Weil ihre Muttersprache so ganz anders funktioniert, fällt ihnen das Lernen viel schwerer als mir. Oft bleiben diese Backpacker viele Monate auf einer Farm. Obwohl die Kommunikation schwierig ist und der kulturelle Unterschied groß, sind sie als besonders fleißige Gäste sehr willkommen. Auch Kevin ist schon lange da. Er hat dieselben Arbeiten schon auf der Farm erledigt, als sie noch einem alten Ehepaar gehörte.

Dann passiert mal wieder das, wofür ich das Backbackerleben so liebe. Ein Anruf einer privaten Arbeitsagentur aus Cairns landet völlig unerwartet auf meiner Mailbox. Bevor ich die WWOOF-Stelle bei Larry angenommen habe, habe ich mich in der Kartei von verschiedenen Jobagenturen eingeschrieben. In zwei Wochen kann ich anfangen, in einem Geschäft Regale einzuräumen. Die Bezahlung ist nicht schlecht. Einen kurzen Rückruf später entscheide ich spontan, dass ich Atherton in einer guten Woche verlassen werde. So genieße ich den Zustand, auf der Farm etwas zu tun, was mir Spaß macht, und schon zu wissen, wie es danach weitergeht.

Am Abend gehe ich auf Schnabeltierexkursion. Gemeinsam mit Gill, einer jungen Irin, die mittlerweile zu uns gestoßen ist, warte ich auf die Dämmerung. Dann paddeln wir mit den Kanus der Farm leise auf den kleinen See hinaus. Wir hören nichts außer den Vogelstimmen im Wald, den leichten Wind im Geäst, und genießen die Zeit. Vorsichtig werfen wir Brotstückchen ins Wasser. Kein Mucks ist von

Unsere Gastgeber (links) mit dem kompletten WWOOFer-Team.

den Tieren zu hören, nur der Wind treibt uns langsam über den See. Dann sehen wir Luftblasen aufsteigen: ein unverkennbares Anzeichen dafür, dass ein Schnabeltier in unmittelbarer Nähe sein muss. Ehe wir richtig etwas sehen, ist das ganze Brotstück verschwunden. Ein wenig enttäuscht werfen wir ein neues Stück Brot ins Wasser. Kaum ist das geschehen, sehen wir überall um uns herum Luftblasen. Unzählige der eierlegenden Säugetiere müssen in dem kleinen See leben und verraten sich durch ihre Atmung. Fast gleichzeitig zeigen sich zwei prachtvolle Exemplare für mehrere Sekunden an der Oberfläche. Ein wenig unbeholfen sehen sie aus mit ihrem großen Schnabel und ihren kleinen Beinchen, dafür sind sie äußerst geschickte Jäger. Viel sieht man nicht von ihnen, nur den Rücken. Blitzschnell sind sie wieder weggetaucht, sobald sie Luft geschnappt haben. Es reicht für ein paar Fotos, die mehr oder weniger die Existenz der Schnabeltiere beweisen. Als die Sonne untergegangen ist, wird es für uns Zeit, wieder heimzukehren. In der Dämmerung paddeln wir zurück.

Nach insgesamt knapp drei Wochen Avocadopflücken kommt der Tag des Abschieds, wie immer geht alles ganz schnell. Ich umarme alle herzlich, wir versprechen, voneinander zu hören. Schon fahre ich zurück nach Cairns, wo ein harter Job auf mich wartet.

In Doppelschichten räume ich in einem kurz vor der Eröffnung stehenden Schnäppchenmarkt Ware in die Regale. Ich fange morgens um acht Uhr an und höre abends um zehn wieder auf. So kann ich in sehr kurzer Zeit viel Geld verdienen und habe keine Zeit, es in der Stadt beim Shoppen oder in Kneipen auszugeben. Auch suche ich mir mit dem »Balcony Backpackers Cairns« das günstigste Hostel der Stadt aus. Ein genialer Plan denke ich mir, doch er hat seine Tücken.

Das preisgünstigste Hostel zieht natürlich auch eine bestimmte Klientel an. In einer Nacht werde ich aus dem Schlaf gerissen. In meinem Fünf-Bett-Schlafsaal schneiden scharfe Stimmen durch den Raum und jemand hat das Licht angemacht. Zwei Polizisten stehen neben meinem Etagenbett und verhören den Mann über mir. Angeblich hat er Drogen versteckt. »Sie haben fluchtartig eine Zigarette ausgedrückt und ein Päckchen unter Ihrem Mantel versteckt«, dröhnt ein breitschultriger Mann in Uniform. »Ich habe nichts getan, ehrlich«, wiederholt der Beschuldigte ein ums andere Mal kläglich. Das Spiel dauert eine halbe Stunde, bis schließlich alle zur Wache gehen. Ich sehe meinen Zimmernachbarn nie wieder. Im Nachhinein höre ich, dass er zu 450 Dollar Strafe verknackt worden ist wegen Haschischbesitzes.

Als ich an einem anderen Abend müde von der langen Doppelschicht in meinen Schlafsaal komme, liegt jemand in meinem Bett, in meinem Schlafsack. Ich spreche ihn an und erkläre ihm, dass dies mein Bett ist. Gutmütig wie ich bin, glaube ich an ein Missverständnis. An der Rezeption wird einem neuen Gast in der Regel nur ein Raum zugewiesen, nicht ein bestimmtes Bett in dem Raum. Als Neuling legt man sich in das Bett, das gerade frei scheint. Der Mann antwortet mir nicht und sieht mich auch nicht an, während er sich mühsam aufrichtet. Er ist völlig verwirrt, wohl auf einem schlimmen Drogentrip. Nicht ansprechbar läuft er im Raum auf und ab und legt sich dann wahllos in ein anderes Bett. Dann kommt zum Glück einer seiner Freunde herein und zerrt ihn aus unserem Zimmer. Warum wohne ich bloß in so einer Absteige und bin nicht nach der ersten Nacht ausgezogen, frage ich mich nicht zum ersten Mal. Aber ich habe die günstige Wochenrate gebucht und somit sieben

Nächte im Voraus bezahlt. Es ist hier spannend und unheimlich zugleich. Abends finde ich immer nette Leute zum Biertrinken und Quatschen. »Was passiert wohl in der nächsten Nacht? Ein Erdbeben?«, unken wir an meinem letzten Abend. Nein, aber mein Bett wackelt trotzdem, weil der neue Zimmergenosse über mir seine Freundin mitgenommen hat. Um uns die größten Peinlichkeiten am nächsten Tag zu ersparen, stelle ich mich schlafend.

Nach einer sehr harten Arbeitswoche ist zumindest mit diesen komischen Nächten Schluss. Bei der Arbeit lerne ich Frank kennen, einen Deutschen. Auf seiner Australientour vor ein paar Jahren hat er eine Frau getroffen und sie geheiratet. Sie haben eine schöne Wohnung und zufällig ein Zimmer frei, das sie gerne wochenweise vermieten würden. Für mich perfekt!

Nach insgesamt zwei Wochen habe ich genug Geld verdient, um mir ein altes Backpackerauto zu kaufen, damit ich wieder meine Freiheit leben kann.

Was ich gelernt habe:

› Nette Arbeitskollegen machen den Tag toll.

› Je günstiger man reist, desto mehr erlebt man, aber: niemals das allerbilligste Hostel buchen.

› Zum Geld ansparen sind lange Schichten ideal.

5

Yogis Königreich

Wie man ein Didgeridoo selber baut

Der fremdartige Klang vibriert durch die Nachtluft. Vor beleuchteten Ständen spielen junge Menschen mit Dreadlocks das Didgeridoo. Es klingt dumpf, psychedelisch, eigenartig faszinierend. Daneben jongliert ein Artist mit Feuer und wirbelt die Fackeln schneller und schneller zum Takt der Musik. Immer mehr Menschen bleiben stehen und schauen sich das Spektakel an. Ich laufe durch die hell erleuchtete Innenstadt Darwins. Alles ist grell und schreit nach Aufmerksamkeit.

Das Nordterritorium ist Australiens rotes einsames Herz. Nach drei wundervollen Monaten an der tropisch-grünen Ostküste fliege ich von Cairns nach Darwin, der Hauptstadt im Norden am Golf von Carpentaria. Hier kenne ich niemanden und diesmal gibt es auch keine Bekannten, die mit mir reisen und mich unterstützen. Ich weiß nur, dass mich jemand an der Mitchell Street abholen wird, um mich ein gutes Stück südlich von der eigentlichen Stadt tief in den Busch mitzunehmen. Dort werde ich für ein wenig Arbeit kostenlos in einem australischen Haushalt wohnen. Den Kontakt habe ich wieder über die WWOOF-Organisation bekommen.

Yogis Inserat war für mich sofort interessant: »Yogis Königreich befindet sich 70 Kilomter südlich von Darwin auf 50 Morgen Buschland, nahe am Litchfield-Nationalpark und anderen Attraktionen. Es gibt ein großes offenes Haus, das aus lokalem Holz und Stein gebaut wurde. Die Gänse, Hühner, Kaninchen, Schweine und die Rinder müssen täglich gefüttert werden. Mitarbeit beim Gärtnern, im Haushalt und bei genereller Instandhaltung ist erwünscht. Genieße eine großartige Outback-Erfahrung im ruhigen Buschland mit hauptsächlich fleischhaltigen Mahlzeiten und BBQ. Maximal vier Leute. Eigenes Auto ist eine große Hilfe, aber es ist auch möglich, mit dem Bus anzureisen. Kinder nach Absprache.« Es klingt sehr familiär, nach interessanten Tätigkeiten, einem extrovertierten Host und interessanten Ausflügen. Eine ideale Basis, um das Leben hier weit draußen zu erkunden.

Mit leichtem Unbehagen laufe ich die Mitchell Street hoch und runter. Die Luft ist anders als in Queensland: viel stickiger und zwischen den Häuserzeilen steht sie förmlich. Es ist unerträglich schwül, obwohl es schon lange dunkel ist. Die Leute sitzen in Straßencafés und Musik schallt aus vielen Bars. Ich kann das als Treffpunkt beschriebene Restaurant in der Vielzahl der Lichter einfach nicht ausfindig machen.

»Bist du Stefan?«, höre ich plötzlich hinter mir eine Stimme rufen. Ich drehe mich um und sehe eine Frau Ende 20 mit einem strengen Kurzhaarschnitt und viereckiger Brille. Offenbar hat sie mich an meinem großen Rucksack und meiner suchenden Haltung identifiziert. »Ich bin Katharina, wir haben miteinander telefoniert«.

Freudig begrüße ich sie. Kurz darauf kommt ihr Freund dazu, Martin. Er ist wenig jünger, beide stammen aus Jena. Gerade haben sie Feierabend. Am Wochenende arbeiten sie als Köche in dem Café, das wir als Treffpunkt ausgemacht haben. Gleichzeitig wohnen sie auch in Yogis Königreich außerhalb der 100.000-Einwohner-Stadt.

Im nächsten Moment sitzen wir schon in ihrem Auto und verlassen das Lichtermeer über den Freeway Richtung Süden. Nachdem wir aus dem endlosen Vorstadtgürtel heraus sind, wird der Verkehr sehr dünn. Die vielen Häuser weichen nun dem Dschungel. Mir fällt auf, dass der Boden schwarz und verbrannt ist. »Hier muss vor kurzem ein Buschfeuer gewesen sein«, stelle ich erstaunt fest. Martin erklärt: »Es ist das Ende der Trockenzeit. Buschfeuer gibt es hier andauernd«.

Und tatsächlich: Es dauert nur fünf Minuten, da müssen wir alle Fenster schließen, weil uns dichter Qualm entgegenzieht. Er ist so rußhaltig, dass wir alle husten und uns die Augen brennen. Ein Feuer können wir aber nicht sehen, es muss viele Kilometer weit weg sein.

Als die dichten Rauchschwaden vorübergezogen sind, öffnen wir die Fenster schnell wieder. Im Auto ist die Luft immer noch so warm, dass man ohne Fensterkühlung sofort ins Schwitzen kommt.

Wenig später fällt mir ein Straßenschild auf, das wirklich alle kommenden Städte des Bundesstaats mit Kilometerangabe anzeigt:

Katherine	**354 km**
Tennant Creek	**1025 km**
Alice Springs	**1532 km**

Hinter den Vororten von Darwin fängt das richtige Outback an. Doch anstatt dem Stuart-Highway weiter Richtung Süden zu folgen, biegen wir ab und steuern auf unser Ziel zu: Berry Springs. Wir sind auf einer völlig dunklen Straße. Es gibt keine Straßenbeleuchtung, keine anderen Autos, nicht einmal Lichter von irgendwelchen Häusern sind zu erkennen. Dann biegen wir in eine unscheinbare, sandige Einfahrt ein. Am Eingang hängt ein Schild mit der Aufschrift: »Yogi's Kingdom«. Direkt daneben hängt ein weißer Büffelschädel.

Nachdem Martin und Katharina das Auto abgestellt haben, setzen wir uns draußen an einen Tisch, an dem sechs Barhocker stehen. »Unseren Host Yogi wirst du erst morgen kennen lernen«, erklärt mir Katharina. »Heute ist es schon zu spät. Er ist über 70 und längst schlafen gegangen. Aber es wird dir hier gefallen.« Ihr Freund führt weiter aus: »Wir mochten es hier auch von Anfang an. Es ist sehr entspannt. Wir müssen nur leichte Tätigkeiten verrichten, die Tiere füttern und jeden Morgen ein paar Papayas pflücken. Eigentlich sind wir nur hier, weil Yogi ein paar Leute um sich haben will.« Das hört sich doch gut an, denke ich.

Später zeigen mir die beiden meinen Schlafplatz. Auf einer offenen überdachten Veranda steht mein Bett, ein Regal trennt als Sichtschutz meinen Schlafbereich von dem der beiden Thüringer ab. Über alle Betten sind große, grüne Moskitonetze gespannt. Als ich still auf meiner Matratze liege, höre ich nur zwei Geräusche: das rastlose Zirpen der Zikaden und ein lautes, unregelmäßiges Schnarchen aus dem Nebenzimmer im Inneren des Hauses. Trotz des Lärms und der Schwüle schlafe ich schnell ein.

Mitten in der Nacht schrecke ich hoch. Hustengeräusche dringen zu mir rüber. Im Nebenzimmer versucht jemand krampfhaft, Luft zu holen. Leise röchelnd schleppt sich die Person nebenan ins Wohnzimmer. Es hört sich erbärmlich an. Die Geräusche eines Tastentelefons erklingen und kurz darauf eine verzweifelte Stimme: »Ich kriege keine Luft mehr. Bitte kommen Sie schnell!«

Stocksteif liege ich in meinem Bett. Was soll ich jetzt machen? Muss ich nicht aufstehen und helfen? Aber ich kenne den Mann ja überhaupt nicht. Und was könnte ich überhaupt tun? Ich fühle mich von der Situation überfordert und erstarre tatenlos.

Dem nächsten Hustenanfall folgt ein tiefer Atemzug. Es scheint besser zu werden. Unsicher überlege ich, ob ich mir das nur einrede, um nicht handeln zu müssen. Ich zähle die Sekunden zwischen den röchelnden Atemzügen. Kein Zweifel, nach Todesangst klingt das nicht mehr. Erleichtert höre ich wenig später eine herannahende Sirene. Die Veranda wird in ein gleißend helles Licht getaucht. Ich höre eilige Schritte, undeutliches Murmeln und das Klappern einer Liege.

Dann entfernen sich die Sirene und das Motorengeräusch. Die Nacht wird wieder still. Allein mit meinen Gedanken bleibe ich zurück. Ich hätte doch helfen müssen. Je mehr Zeit vergeht, desto mehr Dinge fallen mir ein, die ich sehr wohl hätte tun können. Wasser bringen, einfach da sein, bis der Rettungswagen eingetroffen ist. Allerdings war von den anderen beiden WWOOFern auch keine Reaktion zu hören. Ich ärgere mich über mich selber, bevor ich irritiert wieder einschlafe.

Am nächsten Morgen werde ich früh wach. Ich denke darüber nach, ob das gestern Erlebte nur ein Albtraum war. An den verstörten Gesichtern von Martin und Katharina wird mir aber schnell klar, dass meine Erinnerungen real sind. Die Stimmung ist bedrückt. Wir reden knapp über den Vorfall letzte Nacht. Wahrscheinlich sind wir alle nicht stolz darauf, nicht gehandelt zu haben. Nun sitzen wir hier in einem fremden Haus ohne Hausherrn.

Ein Wasserbüffelschädel markiert den Eingang zu Yogis Königreich.

Im Tageslicht wirkt die Umgebung nicht so normal wie gestern. Eigentlich gibt es gar kein richtiges Haus. Es erinnert mehr an eine Hütte. Türen oder Fenster sind nicht vorhanden. Wände existieren nur sporadisch. Es sind auch keine tragenden Wände, vielmehr praktische Sichtschutze wie Regale oder Schränke. Im Prinzip ist das Haus nur ein überdachter Fußboden mit Mobiliar. Eigentlich logisch: Massive, isolierende Wände wie in Deutschland braucht man nicht, wenn es das ganze Jahr über 30 Grad warm ist.

Als ich in die Küche gehe, muss ich erst einmal ein paar Hühner aufscheuchen, die sich über Brotkrümel auf dem Boden hermachen. Die Küche ist jedoch ganz normal eingerichtet. Es gibt einen Herd, einen Backofen, eine Spüle und sogar drei Kühlschränke.

Nach dem Frühstück klingelt das Festnetztelefon. Yogis Tochter ist dran, um die Fremden im Haus ihres Vaters ins Bild zu setzen. »Es geht ihm gut, aber er wird noch ein paar Tage als Vorsichtsmaßnahme im Krankenhaus bleiben. So lange könnt ihr selbstverständlich im Haus wohnen bleiben. Wenn ihr Lebensmittel einkauft, hebt die Quittungen auf, Yogi gibt euch dann das Geld zurück. Denkt daran, die Tiere zu füttern!«

Erleichtert atme ich auf. Ich war auf das Schlimmste gefasst und ärgere mich immer noch, dass ich nicht geholfen

Johns Militärtruck würde es wohl kaum durch den deutschen TÜV schaffen.

habe. So eine selbstverständliche Gastfreundschaft bin ich aus Deutschland nicht gewohnt. Innerlich hatte ich mich schon darauf vorbereitet, wieder abreisen zu müssen. Wie auch schon in Kuranda scheinen die Australier kein Problem damit zu haben, Fremde bei sich im Haus zu beherbergen. »No worries« wird hier gelebt.

Nachdem das geklärt ist, führt Martin mich über das Grundstück. Alles um das Haus herum ist auffallend grün. Überall stehen Papayabäume, die man direkt an ihren riesigen, gezackten Blättern erkennt. »Das ist eine unserer Aufgaben«, sagt Martin. »Sobald eine Frucht reif ist, pflück sie einfach vom Baum!« Kaum hat er das gesagt, greift er zwischen die Blätter, holt eine grün-orange Frucht hervor und lässt sie in seinem mitgebrachten Beutel verschwinden. »Was ist das für eine Pflanze, die hier auf dem Boden wuchert?«, frage ich Martin. Diese vielen dichten Blätter und Ranken sind mir schon gestern Abend aufgefallen. »Das sind Kürbisse. Siehst du diese herrlichen Blüten hier?« Er nimmt eine dunkelrote, kelchförmige Blüte, aus dessen Mitte ein feuerroter, länglicher Stiel mit orangen Sporen ragt. »Du pflückst einfach die männliche Blüte und befruchtest ein paar weibliche Blüten damit, wenn du welche siehst. So haben wir immer neue Kürbisse«. Dann schaut er sich wieder suchend um, erspäht einen Kürbis und steckt ihn zur Papaya in seinen Beutel.

Direkt neben den Kürbispflanzen befindet sich ein kleines eingezäuntes Areal. Der Boden ist aufgewühlt und schlammig. Ein uraltes Auto steht in der Mitte und rostet langsam vor sich hin. Auf einmal kommt ein fettes Schwein grunzend hinter dem Wrack hervor und guckt uns beide erwartungsvoll an. Wir füttern es mit ein wenig Trockenfutter und dem Kürbis. Laut schmatzend macht es sich darüber her. »Eigentlich sollte es schon lange als Steak auf unserem Teller liegen«, erzählt mir der gelernte Koch freudestrahlend. »Yogi hat es aber bisher noch nicht geschafft, den mobilen Schlachter zu bestellen.«

Danach füttern wir noch zwei Jungschweine, die einen Stall neben dem Werkzeugschuppen haben, und die Kaninchen und die Gänse im Garten. »Alles Schlachtvieh«, sagt Martin. »Yogi versucht, so wenig wie möglich einzukaufen.«

Dann zeigt er mir die Sprinkleranlagen. Schlagartig wird mir alles klar. Das Grundstück wirkt wie eine blühende Oase mitten im vertrockneten Busch. Der Rasen, der das Haus umgibt, ist intakt und grün. Hinter dem Haus steht ein riesiger Busch, der einem Rhododendron ähnelt. Er blüht in allen Farbnuancen von zartrosa bis feuerrot. Das Grundstück wird von dichten, kräftigen Hecken umgeben und von ein paar Palmen, deren große Äste im Wind leise hin und her schaukeln. Doch am Zaun hört alles schlagartig auf. Dahinter befindet sich vertrocknetes, braunes Ödland. Auf dem Boden wachsen ein paar gelbliche Gräser, die nach Wasser lechzen. Karge Bäume ragen in die Höhe, ihre Stämme sind schwarzgefärbt vor lauter Ruß. Sie haben eine lichte, aber seltsamerweise grüne Krone – eine Art Wunder der Natur. Diese Bäume überleben lange Dürreperioden und vernichtende Feuer. Jedes Jahr, wenn der gewaltige Monsunregen über den Norden Australiens zieht, erwachen sie wieder zu vollem Leben. Dann wird dieses trockene und unwirtliche Land wieder grün, genauso wie Yogis künstliche Oase.

Während wir zum Haus zurückgehen, überkommt mich das Bedürfnis, das stille Örtchen aufzusuchen. »Grüß mir die Kühe«, ruft Martin mir hinterher. Grüß mir die Kühe?

Was meint er denn, frage ich mich, als ich in der gewiesenen Richtung um die Ecke biege. Abrupt wird es mir klar, als ich die Tür hinter mir schließen will. Es gibt keine Tür. Die Toilette ist U-förmig mit Backsteinen ummauert und ein paar Meter vom Haus entfernt. Die offene Seite zeigt vom Wohnbereich weg auf eine riesige verdorrte Weidefläche. Am Zaun, etwa zehn Meter entfernt, stehen drei Kühe und schauen mich mit großen Augen durchdringend an.

Später am Nachmittag sitzen wir alle drei vor dem Haus. Von Weitem hören wir ein Motorengeräusch. Sobald ein Auto in die einsame Landstraße einbiegt, ist es zu hören. Die Straße führt nur zu ein paar abgelegenen Farmen und eben zu diesem Haus im Busch. Schließlich biegt ein uralter, babyblauer Nissan Bluebird in die staubige Einfahrt. Ein zierliches junges Mädchen mit blonden Haaren steigt aus. Melanie kommt aus Hessen und hat sich vor ein paar Tagen telefonisch bei Yogi angekündigt, ebenfalls über die WWOOF-Organisation. Somit sind wir vier Deutsche, die in einem seltsamen Haus im australischen Busch leben. Wir haben keine Ahnung, wie lange der Hausherr wegbleibt oder was wir überhaupt hier machen sollen, um uns unsere Unterkunft und Mahlzeiten zu verdienen. Also füttern wir die Tiere, pflücken Papayas für den Nachtisch und warten ab.

Um die Tage zu füllen, bauen wir uns Didgeridoos. Die Blasinstrumente der Aborigines sind für viele Touristen und auch Australier »typisch australisch«. Traditionell war die jahrtausendealte Kulturtechnik vor allem bei den Stämmen im heutigen Northern Territory in Gebrauch und wurde für kultische Zwecke genutzt. Heute bietet jeder Souvenirshop in Darwins Innenstadt Didgeridoos in allen Qualitätsstufen an. Vor seiner Krankenhauseinlieferung hat Yogi Martin und Katharina gezeigt, wie man die Instrumente herstellt.

Früh am Morgen ziehen Melanie, Martin und ich los, damit wir nicht in der Mittagshitze durch den ausgedorrten Busch laufen müssen. Eine beinahe leblose Einöde umgibt uns, in der nur ein paar vertrocknete Gräser und verkohlte Bäume hervorstechen. Sobald wir uns ein Stück von der

Straße entfernt haben, sehen wir kein Anzeichen mehr von menschlicher Zivilisation.

Nur endlose schwarz-verbrannte Böden und gespenstische Hügel aus hellem Lehm liegen in unserem Blickfeld. Die größten haben einen Durchmesser von einem Meter und ragen wie Türme bedrohlich über uns hinaus. Es sind Termitenhügel. In jedem verstecken sich Millionen von Termiten vor der Hitze der Sonne. Ihre zarten Körper würden die Temperaturen nicht überleben. Weniger zart sind jedoch ihre Beißwerkzeuge. Sie zerfressen das Holz, das die Buschfeuer übrig lassen. Innerhalb kurzer Zeit können sie einen Baumstumpf von innen heraus völlig abtragen.

Genau so etwas suchen wir. Ein Didgeridoo ist nämlich nichts anderes als ein von Termiten ausgehöhlter Ast oder Baumstumpf. Die Kunst ist, einen zu finden, dessen Aushöhlung die richtige Größe hat. Das ist gar nicht so leicht. Das letzte Feuer hat nur wenig brauchbares Holz übrig gelassen. Manche Stämme liegen auf dem Boden und kokeln noch vor sich hin, die eine Hälfte fast unversehrt, die andere ist nur noch als feine, graue Asche auf dem Boden auszumachen. Vom Ende des intakten Stücks steigt eine dünne Rauchfahne auf. Dieser Stamm muss schon mehrere Tage vor sich hin schmoren und wird noch lange nicht völlig verbrannt sein. Überhaupt sind die meisten Buschfeuer nicht so furchtbar, wie sie im Fernsehen aussehen. Sie sind meistens sehr lokal, überschaubar und hören ebenso schnell auf, wie sie angefangen haben. Die Australier, Ureinwohner wie neuzeitliche, leben damit.

Wir überprüfen viele der abgestorbenen Äste mit der Säge, um herauszufinden, ob sie hohl genug sind. Hin und wieder sehen wir in der Ferne ein paar Kängurus, die uns neugierig betrachten. Sobald wir ihnen zu nahe kommen, hoppeln sie verängstigt davon. Nach einigen Stunden hat jeder von uns mindestens einen vielversprechenden Ast gefunden. Dann laufen wir auf das ferne Geräusch der Landstraße zu und zurück über den flimmernden Asphalt zum Haus.

Wir gehen in Yogis Werkzeugschuppen, der eher einer Müllhalde gleicht. Ähnlich wie das Haus hat auch der Schuppen keine richtigen Wände und er ist zu zwei Seiten offen. Innen liegt überall Werkzeug über Schränke und den Boden verteilt. Alte Möbel stehen in einer Ecke und verschwinden unter einer Staubschicht. Der große Tisch in der Mitte ist völlig verdreckt und mit Spinnweben übersät.

Zuerst säge ich den riesigen Ast auf eine handliche Länge von gut einem Meter zurecht. Dabei fallen die unansehnlichen verbrannten Enden ab. Um das Instrument leichter zu machen, schäle ich die Rinden ab und schmirgele es anschließend glatt. Von innen belasse ich es natürlich rau.

Die Didgeridoos, die massenweise als Touristensouvenirs gefertigt werden, sehen anders aus. Es ist sehr verbreitet, den Innenraum einfach hohl zu bohren. So muss man für die bunten Mitbringsel nicht extra passende Äste suchen. Ein langer Bohrer fertigt aus einem Stück Holz einen künstlichen Klangkörper. Man kann also durch Fühlen an der Innenseite immer feststellen, ob ein Didgeridoo auf ursprüngliche Weise hergestellt wurde oder nicht. Ist es rau, waren Termiten am Werk, ist es glatt, war es der Industriebohrer. Viele Souvenirshops machen sich noch nicht mal diese Mühe. Sie bestellen fertige Didgeridoos in China, wo sie aus hohlem Bambusrohr produziert werden. Diese legen sie als authentische Instrumente in ihren Schaufenstern aus. Natürlich wurden sie in der Fabrik auch mit kultischen Bemalungen aus der Sagenwelt der Aborigines verziert.

Ob mein Handwerkstück letztlich authentischer ist als Plagiate asiatischen Ursprungs? Auf jeden Fall gebe ich mir Mühe, die ursprüngliche Herstellungsweise anzuwenden. Für mich geht es mehr um das Ausprobieren und Lernen. Ich bin handwerklich eher ungeschickt und mir macht es Freude zu lernen, wie ich ein Musikinstrument selber herstelle. Auf kultische Bemalungen verzichte ich ganz.

Noch bin ich aber nicht fertig. Ich dichte alle feinen Risse ab, durch die der Klang entweichen könnte. Dazu pinsele ich die Außenfläche mit Leinöl ein und lasse es innen gleichmäßig durch die Aushöhlung laufen. Nach dem Trocknen ist alles dicht.

Als letztes fehlt noch ein Mundstück. Dazu brauche ich Bienenwachs. Das besorge ich von der Nachbarfarm. Der Farmer, ein Schweizer Immigrant, ist eigentlich Pferdezüchter, hat aber nebenbei ein paar Bienenstöcke. Er freut sich sehr über meinen Besuch und die Möglichkeit, ein paar Worte in seiner Muttersprache zu wechseln. Das Wachs mache ich in heißem Wasser flüssig und schmiere es ringförmig um das schmalere Ende des Astes. Kleinere Astlöcher dichte ich ebenfalls mit Wachs ab.

Fünf Tage verbringen wir mit Basteln und Nichtstun in Yogi's Kingdom. Dann lerne ich den Herrn des Hauses endlich kennen. Yogi ist aus dem Krankenhaus zurück. Er ist groß, fast zwei Meter und er ist sehr kräftig gebaut. Yogi leitet sich von Yogibär ab. Sein richtiger Name ist Mike. Früher wurde seine hünenhafte Figur wohl scherzhaft mit einem Bären verglichen. Trotz seines Alters von 74 und obwohl er gerade aus der Klinik kommt, macht er einen sehr fitten Eindruck.

Er scheint sich sogar so fit zu fühlen, dass er sich als erstes ein Glas Bunderberg einschenkt. Ich hatte mich schon gewundert, wo all die leeren Flaschen von Australiens National-Rum hinter dem Haus hergekommen sind. Unzählige türmen sich dort zu einem privaten Müllberg.

Während wir den ganzen Tag und bis tief in der Nacht draußen sitzen, trinkt Yogi ein Glas nach dem anderen. Dabei erzählt er uns seine Lebensgeschichte. Mit 13 hat er die Schule abgebrochen, um seiner Meinung nach etwas Sinnvolles mit seiner Zeit anzufangen: nämlich Wasserbüffel in den Sümpfen zu schießen und das Fleisch zu verkaufen. Dann hat er geheiratet und eigenständig und ohne fremde Hilfe sein Haus gebaut. Er ist sehr stolz auf das, was er geschaffen hat. Auch wenn es eher einer Hütte gleicht. Wer kann schon von sich behaupten, sein Haus selbst gebaut zu haben?

Als Yogi seine Familie gründete, gab es auf der Farm noch keinen Strom oder fließendes Wasser. Zum Waschen und Baden musste man immer zum Fluss hinunter. Drei Mädchen zog das Paar gemeinsam groß, bis es zur Tragödie kam. Vor vielen Jahren verunglückten seine Frau und eine seiner drei Töchter bei einem Autounfall tödlich. Ihre Urnen wurden am Rande seines Gartens beigesetzt. Martin hatte mir von dem Vorfall schon erzählt, als er mir die beiden Gedenksteine zeigte. Yogis Miene wird traurig, als er mir von dem Verlust erzählt.

Spät am Abend kommt noch John vorbei, ein guter Freund von Yogi. Er ist völlig betrunken, ist aber trotzdem mit seinem Motorrad hier. Damit er nicht ausnüchtert, hat er sich noch etwas Wegzehrung mitgebracht: ein Sixpack Bier, das er gerne mit uns teilt. John ist Mitte 30 und Lehrer. Damit ist er für mich besonders interessant, denn ich spiele schon seit meinem Abitur mit dem Gedanken, Lehrer zu werden. Sicher bin ich mir aber noch nicht. Bei meinem Jahr in der Ferne hoffe ich auch darauf, in dieser Frage Klarheit zu finden.

John wirkt so gar nicht, wie ich mir einen typischen Lehrer vorstelle. Er hat langes, lockiges Haar und sieht in seiner Motorradkluft eher wie ein Rocker aus. Den ganzen Abend erzählt er versaute Witze und lacht selber am lautesten darüber. Trotzdem wirkt er auf mich sehr sympathisch. Ihn mir vor einer Schulklasse vorzustellen, gelingt mir jedoch nicht. Als er von meinen Berufsüberlegungen hört, schlägt er mir vor, einfach so eine Unterrichtsstunde an seiner Schule zu geben. Ich darf den Schülern beibringen, was ich will, sagt er in einem Ton, von dem ich nicht einschätzen kann, ob er ironisch gemeint ist oder nicht. Sofort willige ich ein, weil ich ziemlich sicher bin, dass John sowieso zu betrunken ist, als dass er sich später noch daran erinnern könnte.

Der nächste Tag ist genauso relaxt wie alle anderen vorher. Yogi hat nichts für uns zu tun, er möchte nur, dass wir ihn beim Einkaufen begleiten. Also steigen Melanie und ich in seinen über 30 Jahre alten Kingswood. Während wir fah-

ren, merke ich, dass ein Stück Boden in meinem Fußraum fehlt und ich die Straße unter mir vorbeiziehen sehen kann. Bei uns wäre der Wagen ein Oldtimer, in Australien aber hat er keinen Seltenheitswert. Wir brauchen für die 35 Kilometer bis zum nächsten Supermarkt eine Ewigkeit. »Straßentauglich ist der Wagen ja wohl nicht mehr – was machst du denn, wenn dich die Polizei anhält?«, frage ich Yogi. »Ach, jedes Mal, wenn die mich sehen, schütteln die mit dem Kopf und lassen mich fahren«, antwortet er grinsend.

Das Einkaufen an sich geht schnell. Unter anderem landen etliche Flaschen Bunderberg auf dem Band. Bald sind wir wieder zurück, damit sich Yogi wieder hingebungsvoll dem Trinken widmen kann.

Später kommt eine Gruppe Freunde aus Melbourne zu Besuch, die gerade Urlaub im Nordterritorium macht. Sie bringen zwei Flaschen Rum mit: eine für Yogi, eine für sich.

Danach kommt seine Tochter vorbei. Sie fährt einen feuerroten Pick-up, an dessen Bullenfänger eine massive Antenne angebracht ist. »Wenn mir auf dem Highway langweilig ist, dann funke ich Trucker an. Die freuen sich, mal mit einer Frau zu reden«, erklärt sie mir. »Und wieso brauchst du vier Scheinwerfer auf dem Autodach?«, will ich wissen. »Na ja, sieht halt besser aus«, sagt sie beiläufig, während sie Yogi hilft, die Flasche Rum leer zu kriegen, obwohl der ganz sicher keine Hilfe bräuchte.

Als es gerade dämmert, biegt ein riesiger alter Militärtruck in die Einfahrt ein. Stolz steigen John und seine Frau aus der Fahrerkabine. »Den habe ich mir diese Woche gekauft«, ruft er uns freudestrahlend entgegen, während er ein Sixpack Bier von der Ladefläche nimmt. »Na ja, bin halt ein Truck-Fan.« Als sich die beiden zu uns setzen, holt seine Frau eine Flasche Gin hervor. Sie kommt ursprünglich aus England. Auf ihrer Australienreise vor elf Jahren hat sie auch bei Yogi gewohnt und so John kennen gelernt. Jetzt sind sie verheiratet. Sie hat aus John einen richtigen Menschen gemacht, wie sie mir freudig erzählt: »John hat früher in einem Wohnwagen auf seinem riesigen Grundstück gelebt. Aber für mich hat er ein Haus direkt daneben gebaut, in dem wir jetzt wohnen.« Ein kleiner Teil des Grundstücks ist auch nicht mehr Ödland. Sie hat einen typisch englischen Ziergarten angelegt: mit Gartenteich, einer Fontäne in Gestalt eines Terrakotta-Engels, akkurat geschnittenem Rasen und Zierhecken, eben alles, was dazugehört. Ein Haustier haben sie auch, einen Esel.

Im Laufe des Abends verabschiedet sich der Besuch. Egal, wie viel sie getrunken haben, alle fahren mit dem Auto nach Hause. Nur Yogis Tochter legt sich in ihr Swag, eine typisch australische Bettrolle, auf der Ladefläche ihres Pick-ups. Nachher, als ich unter dem Moskitonetz meines Bettes liege, frage ich mich insgeheim, warum die Deutschen für ihren extremen Bierkonsum auf der ganzen Welt so berüchtigt sind. Die Australier jedenfalls sind in puncto Alkoholkonsum den Deutschen weit voraus und liegen wahrscheinlich an der Weltspitze. Viel schlimmer finde ich jedoch ihre Einstellung zum Trinken und Autofahren.

Am nächsten Morgen geht es früh raus, John hat es doch nicht vergessen. Wir gehen zusammen zur Schule. Ich bin gespannt auf einen Einblick in den australischen Schulalltag. Zuerst kommen wir zu spät zu der anberaumten Konferenz. John sagt, dass sie sowieso nicht wichtig sei. Anscheinend hat er seine Ankunft auf das Ende der Sitzung abgestimmt. Ich stelle mich einer Lehrerin vor und erzähle ihr von meiner Berufsidee. Ihre erste Reaktion: Sie tippt sich mit dem Zeigefinger an die Stirn und erklärt mich für völlig bescheuert. Danach lacht sie und sagt: »So schlimm ist es eigentlich gar nicht«.

Die Humpty Doo Agricultural School gilt als sozialer Brennpunkt. Die Kinder, darunter viele Aborigines, kommen größtenteils aus Häusern und Farmen im Busch. Manche müssen jeden Morgen viele Kilometer mit dem Schulbus zurücklegen. Während es in den ersten Stunden sehr gesittet zugeht, gestaltet sich der Unterricht in einer neunten Klasse irgendwie anders als bei uns. John zeigt einen Lehrfilm und bis auf zwei Schüler interessiert das niemanden. Die meisten sitzen mit dem Rücken zum Fernseher, unterhalten sich und toben herum. John stört das wenig. Er philosophiert: »Nur die Schüler, die lernen wollen, können auch lernen.« Wahrscheinlich sind seine Versuche, die Jugendlichen zu motivieren, schon vor Jahren gescheitert. »Wenn die Schüler regelmäßig zur Schule kommen, ist unser Hauptziel erreicht. Ein Teil der Mädchen wird vor Ablauf des Schuljahres eh nicht mehr hier sein, weil sie schwanger werden und andere Dinge zu tun haben.« Mit einem sehr komischen Eindruck von australischen Schulen verlasse ich das Gebäude und wir fahren auf seinem Motorrad zurück. Natürlich lassen wir auf dem Rückweg nicht die obligatorischen Feierabendbiere aus.

Zurück bei Yogi widmen wir uns wieder dem Didgeridoo. Katharina hat ihrem Handwerk auch noch Kunst folgen lassen und die typische Bemalung aufgetragen. Ihr Didgeridoo verziert sie mit Punkten und Eidechsen, Schlangen und anderen Tieren. Am Ende sieht es tatsächlich genauso so aus wie ein Instrument, das von den Ureinwohnern gemacht worden ist. Die Motive und Geschichten stammen aus der »Traumzeit« der Aborigines, ihrer Sagenwelt.

In manchen Kommunen arbeiten bekannte Künstler. In Darwin gibt es einen hochwertigen Didgeridoo-Shop, der sich auf handgefertigte Kunstwerke spezialisiert hat. Die Spitzenpreise für authentisch hergestellte Musikinstrumente liegen bei über 1000 Dollar.

Yogi erzählt uns, dass vor ein paar Jahren zwei Backpacker bei ihm gewohnt haben. Sie waren weder Australier noch Aborigines und haben ihre selbstgemachten Didgeridoos an einen Souvenirshop in der Stadt verkauft. Der wiederum hat sie als authentisches Kunsthandwerk an Touristen weiterverkauft. Diese sind hoffentlich heute noch glücklich über ihr tolles Exemplar. Betrug oder Schelmenstück?

Ich jedenfalls habe viele Abende versucht, meinem Ast Musik zu entlocken. Die höflichen Zuhörer erinnerte es eher an Walgesänge. Die nicht so höflichen murmelten etwas von »Verdauungsgeräuschen.« Alles weit entfernt von den rhythmischen Klängen auf Darwins Mitchell Street. Aber ist das Machen und Ausprobieren nicht die wichtigste Erfahrung?

Mein letzter Tag in Yogis Königreich verläuft genauso relaxt wie üblich. Wir tun nicht viel, außer ein Brot fürs Frühstück zu backen. Freunde von Yogi besuchen ihn, um mit ihm zu trinken und ich lege mich abends zum letzten Mal unter das schützende Moskitonetz in mein Bett. Morgen werde ich mit Melanie zurück nach Darwin fahren. Rückblickend habe ich ein paar schwierige, aber wertvolle Erkenntnisse gesammelt: zum einen über mich selbst in einer kritischen Situation, zum anderen aber auch über die Probleme, die australische Abgeschiedenheit in Sachen Alkoholkonsum und Schulbildung mit sich bringt. Vor allem bin ich dankbar, dass ich von Yogis Geschichten lernen kann. Der Mann hat sich als Jugendlicher durchgeschlagen, seinen Lebensunterhalt verdient und sein Haus komplett selber gebaut. Er lebt abgeschieden und versorgt sich in Teilen selber. Trotz einer Familientragödie trägt er seinen Kopf oben. Er beherbergt junge Backpacker ohne große Gegenleistung. In seiner Werkstatt kriegen wir die Möglichkeit, ein Didgeridoo zu bauen. Für solche Erzählungen und Erfahrungen bin ich aus meiner kleinen Vorstadtwelt ausgebrochen.

Was ich gelernt habe:

› In Notsituationen werde ich ab jetzt immer helfen.

› Man kann auch ohne Schulabschluss ein zufriedenes Leben führen.

› Die Erfahrung, etwas selber mit den Händen herzustellen, ist mindestens genauso wichtig wie das Produkt.

6

Einsames Outback

Als Jackaroo auf einer Rinderfarm

Langsam zieht die Kälte der Nacht herauf. Ein Glück, dass ich meinen warmen Schlafsack dabei habe. Rund um Alice Springs sinken die Temperaturen bis knapp über den Gefrierpunkt. Es ist ruhig in den Arbeiterunterkünften der Rinderfarm »New Crown« – unheimlich ruhig. Keine Verkehrsgeräusche umgeben mich, keine anderen Backpacker, die betrunken mitten in der Nacht lauthals durch den Schlafraum stolpern. Ich bin tief im Nirgendwo. Die nächstgelegene Raststätte an der Landstraße ist 200 Kilometer weit weg. Die nächste Stadt, Alice Springs, ist sogar 400 Kilometer entfernt.

In meinem Kopf spule ich den Tag zu seinem bemerkenswerten Anfang zurück. Pünktlich um zwölf werde ich von Vanessa Smith in ihrem Toyota-Allradwagen abgeholt. Das Auto mitsamt Anhänger ist vollgestopft mit Lebensmitteln für einen Monat. Die Rückbank belegen ihre drei kleinen Kinder Emilia, Cody und Josh. Eigentlich wirkt diese Familie ganz normal. Die Kinder unterhalten sich über die neuesten Computerspiele und schwärmen von McDonalds-Essen. Vanessa erzählt mir von den Möbeln, die sie gerade gekauft hat, und spricht über ihren letzten Friseurbesuch. Kein Anzeichen davon, dass sie im tiefsten Outback auf einer Rinderfarm wohnen.

Nach zwei Stunden Fahrt haben wir mit dem Kulgera Roadhouse kurz vor der Grenze vom Nordterritorium zu Südaustralien den vorerst letzten Außenposten der Zivilisation erreicht. An der Raststätte verlassen wir die asphaltierte Einöde des Stuart Highways und begeben uns auf eine unscheinbare Sandpiste. Vor uns befindet sich nur Buschland, das gerade mit herrlichen Wildblumen übersät ist. Hinter uns erkenne ich nichts außer dem roten aufgewirbelten Sand.

Wie dünn das Land besiedelt ist, durch das wir gerade gefahren sind, wird mir bei unserer ersten Reifenpanne klar. Vanessa stoppt den Wagen. Wir suchen den Wagenheber. – Defekt. – Es bleibt nur die Möglichkeit, auf Hilfe zu warten. Eine volle Stunde vergeht, bis überhaupt ein anderes Auto vorbeifährt. Der weiße Landcruiser hält an, um uns auszuhelfen. Zwei Australier steigen aus, verlieren wenige Worte und wechseln das Rad mit ihrem Wagenheber. Schnell ist der Toyota wieder fit und wir bedanken uns bei unseren Rettern, die jegliche Art der Belohnung ablehnen – typisch für die unkonventionellen Menschen hier. Abgelegen von großen Städten hilft man sich einfach.

Nur zehn Minuten später hält Vanessa den Wagen wieder an. Wir sind ein zweites Mal gestrandet: Der nächste Reifen ist platt. Emilia, mit vier Jahren die jüngste, hält die nervliche Anspannung nicht mehr aus und fängt hemmungslos an zu weinen.

Wir haben ein zweites Mal Glück. Nach einiger Zeit kommt uns erneut ein Auto entgegen. Es ist das zweite insgesamt, seitdem wir den Highway verlassen haben. Noch besser: Das Auto verfügt über ein Satellitentelefon. Nun können wir Vanessas Ehemann anrufen, den Farmer Matt, um ihn mit einem neuen Reifen kommen zu lassen. Unvorsichtigerweise hatte Vanessa nur einen Ersatzreifen dabei, und der ist ja schon zum Einsatz gekommen. Um die Kinder zu beschäftigen, mache ich ein Lagerfeuer aus dem trockenen Totholz des Buschlandes.

Stunden später kommt Matt dann endlich mit seinem weißen Pick-up an, nimmt die Kinder in den Arm und behebt den Schaden. Es ist längst dunkel, als wir die letzten einhundert Kilometer zur Farm fahren. Die Kinder liegen auf der Rückbank eng aneinandergeschmiegt, und auch ich kämpfe mit der Müdigkeit. In der Ferne sehe ich schwachen Lichtschein, der sich bei Ankunft als das Zuhause der Familie herausstellt.

Während ich das Tor öffne, damit das Auto auf den Hof fahren kann, stelle ich fest, dass ein Hinterreifen absolut luftleer ist. Vanessa hat es nicht bemerkt oder wollte es wohl nicht bemerken. Später sehen wir, dass der Vorderreifen des Hängers die Strapazen ebenfalls nicht überstanden hat. Die Bilanz von heute: 400 Kilometer, vier platte Reifen und ein Abenteuer mehr.

Der Wecker klingelt unbarmherzig. Es ist sieben Uhr morgens. Schnell ziehe ich mich an und laufe rüber zum Wohnhaus der Familie. Bei Tageslicht sieht alles seltsam anders aus. Die alles überragende metallisch-silberne Windmühle mit dem kaputten Flügelkreuz ist mir gestern gar nicht aufgefallen. Auch nicht, dass die eigentlich so gemütlichen Arbeiterquartiere von außen wie schäbige Baracken aussehen. Ich öffne die Tür des Wohnhauses, wo die Familie mich schon freudig erwartet. Auch meine beiden Kolleginnen stellen sich mir direkt vor: Hailey und Fliss. Die beiden sehen aus wie richtige Cowgirls. Sie tragen weiße Hüte mit breiter Krempe, karierte Hemden und Jeans. Ein Wunder, dass sie keine Sporen an ihren Stiefeln befestigt haben. Ihr australischer Akzent ist schwierig zu verstehen, aber sie strahlen mich an. Endlich mal Abwechslung. Ich bin der angekündigte Jackaroo, ein Farmhilfsarbeiter. Vor ein paar Tagen habe ich in einem Hostel in Alice Springs nach Arbeit gefragt. Dort brauchten sie zwar gerade niemanden, aber hatten Bekannte im Outback, die zufällig in der Stadt sind und immer Hilfe benötigen. Ein kurzer Anruf bei Vanessa genügte. So unkonventionell läuft das Leben weit draußen.

Matt erklärt mir, dass wir zügig los müssen, um die Rinder zum Wasserloch zu treiben. Für Frühstück bleibt wohl keine Zeit, für weitere Erklärungen auch nicht. Dann lerne ich meinen nächsten Arbeitskollegen kennen: einen alten weißen Jeep, der schon bessere Tage gesehen hat. Schnell merke ich, dass keine der Armaturen mehr funktioniert. Selbst der Kilometerzähler hat bei 203 000 seinen Geist aufgegeben – und das wahrscheinlich schon vor vielen Jahren. Ich folge einfach den beiden Mädels, die auf Quad-Bikes zum Stall fahren, der nur wenige hundert Meter vom Hof entfernt ist. Sie sagen mir, dass ich heute die wichtigste Aufgabe habe. Ich treibe die tausend Tiere starke Herde vor mir her und sie kümmern sich darum, dass keins der vielen Rinder ausreißt oder zurückbleibt.

Schon öffnen sie das gewaltige Gatter und ich bin in Sekundenschnelle von Rindern umgeben. Der Boden vibriert unter den Schlägen der Hufe. Die Luft ist erfüllt von dem Muhen der Tiere, die offensichtlich ihre neue Freiheit genießen. Die Sichtweite beträgt höchstens fünf Meter, so-

Mein Geländewagen für den Viehtrieb.

viel Sand und Dreck wirbelt die Herde auf. Nachdem auch das letzte Rind den Stall verlassen und der Staub sich gelegt hat, starte ich den Motor und fahre los.

Nach nur zehn Metern passiert das, was passieren musste: Ich stecke im Sand fest. Um die Situation noch schlimmer zu machen: Ich habe keine Ahnung, wie man den Allradantrieb des Wagens einschaltet. An den Armaturen ist keine Beschriftung mehr zu lesen. Na toll. Ich will doch nicht nach 20 Minuten schon wie ein blutiger Anfänger auf der Farm wirken. Vor allem nicht vor den beiden Mädels. Fast wäre die Situation noch schlimmer geworden, denn Fliss kommt mir mit einem breiten Grinsen entgegen, um mir zu helfen. Ich finde den kleinen Allradhebel neben der eigentlichen Gangschaltung im letzten Moment und lege ihn in die richtige Position. So befreie ich mich schnell und mit halbwegs gerettetem männlichen Ego aus der misslichen Lage.

Danach klappt alles vorschriftsmäßig. Ich treibe die riesige, durch das Motorengeräusch eingeschüchterte Herde vor mir her, weg von der Farm. Links von mir zieht sich ein nie enden wollender Zaun, bestehend aus drei horizontalen Metalldrähten und Pfosten im Abstand von zehn Metern. An der rechten Seite der Herde sehe ich in weiter Ferne Hailey und Fliss, die dafür sorgen, dass sich kein Tier damit aufhält, die kargen Büsche und Gräser anzuknabbern und so den Anschluss an die Herde verliert.

Je weiter wir uns von der Farm entfernen, desto unwegsamer wird das Gelände. Erst müssen wir ein Feld mit spitzen und scharfkantigen Steinen überqueren, dann ein Dickicht von schulterhohen Büschen. Beide Hürden nehmen die massiven Reifen des Jeeps problemlos.

Langsam wird die Landschaft abwechslungsreicher. Wir erreichen ein kleines Plateau. Von nun an treiben wir die Herde weg vom Zaun, landeinwärts, am Fuße des Plateaus vorbei. In der Ferne erkenne ich ein paar Hügel, über denen die Hitze flimmert. Es ist Mittag und die Morgenkühle ist längst der Mittagshitze gewichen. Nur der Wind sorgt dafür, dass ich auf meinem Sitz noch nicht geschmolzen bin.

Wir treiben die Tiere zum Wasserloch.

Hinter den Hügeln befindet sich unser Tagesziel, ein Wasserloch. Ich tausche für die letzten Kilometer mit Hailey die Fahrzeuge und übernehme das wendige Quad-Bike. Manchmal bleibt ein Rind stehen, um sich einen Snack zu genehmigen. Karges Spinifex-Gras trotzt dem staubigen Boden und wirkt auf die Tiere offenbar ausgesprochen appetitanregend. Dann fahre ich sofort auf den Faulenzer zu. Wenn das Rind dann noch nicht weiterläuft, lasse ich kurz den Motor aufheulen, um es daran zu erinnern, dass es doch seinem Herdentrieb folgen möge.

Mitten im staubigen Niemandsland taucht ein kleines Wasserloch auf – plötzlich und ohne Vorankündigung. Dort angekommen kühlen sich die Rinder erst einmal ab und löschen ihren Durst. Tausend Tiere stürzen sich hin und lassen das Wasserloch wie eine Pfütze wirken. Hier draußen können sie nach Herzenslust laufen und das Wüstengras fressen, sich bewegen, ausruhen oder baden gehen. Es ist mehr als genug Platz.

Wir fahren über eine staubige Piste zurück zur Farm, diesmal mit tausend Begleitern weniger. Angekommen setze ich mich mit Matt auf die Veranda und wir essen Sandwichs, die mit reichlich Schinken belegt sind. An Fleisch mangelt es hier jedenfalls nicht. »Warum haben wir

die Rinder zu der Tränke getrieben?«, frage ich Matt, »Wasser gibt's doch hier am Hof genug.« – »Der Stall muss frei sein für morgen«, erklärt er mir. »Wir werden eine andere Herde aus einem anderen Areal herein treiben, um anschließend alle Jungbullen auszusortieren, zu markieren und zu kastrieren. Das wird eine ganz neue Arbeitserfahrung für dich«, fügt er augenzwinkernd hinzu.

Kastrieren? Gedanken an die seltsamen Geschichten eines jungen englischen Backpackers im Hostel in Alice Springs kommen wieder hoch. Von einer ekligen Mutprobe für neue Farmarbeiter hat er erzählt. Nein, hier wird bestimmt niemand einem Bullen die Hoden abbeißen, nehme ich mir fest vor. Hoffentlich ist so etwas bloß eine Backpacker-Legende und keine Wirklichkeit. Aber Menschen, die weit abseits der Zivilisation leben, können durchaus merkwürdige Züge entwickeln.

Schnell wechsle ich das Thema. »Wie groß ist denn eigentlich das ganze Gelände?« – »Dreieinhalb Millionen Hektar«, antwortet Matt mir stolz. Dreieinhalb Millionen Hektar! Das ist fast so groß wie die Niederlande. Für einen Europäer unvorstellbar. In Australien ist es noch nicht einmal die größte Farm. »So groß, und nur Buschland für das Vieh?«, frage ich völlig überrascht. »Nein es ist nicht alles Buschland«, antwortet Matt. »Es gibt ungefähr 30 Kilometer von hier ein kleines Dorf. Es wird von Aborigines bewohnt und heißt Finke. Wir fahren aber nie hin, das gäbe

nur Probleme. Sie mögen uns nicht besonders in ihrem Dorf.« Dann erzählt er mir noch von der alten Bahntrasse, die ebenfalls über sein Grundstück verläuft. Der legendäre Ghan war der erste transkontinentale Fernverkehrszug Australiens. Heute fährt hier keine Eisenbahn mehr, die Zugverbindung hat ein neues Schienennetz bekommen, das direkt am Stuart-Highway verläuft. Nun folgen nur noch ein paar Touristen mit ihren Jeeps der alten Schmalspurstrecke, um ein kleines Abenteuer zu erleben.

Hailey kommt aus dem Haus und unterbricht unser Gespräch. »Wir müssen los, Zäune reparieren, bevor es dunkel wird«. Ich steige mit Hailey und Fliss in den weißen Pick-up des Farmers. Hailey fährt, und sie fährt in einem angsteinflößenden Tempo. Ihr scheint der holprige Untergrund keine Probleme zu bereiten.

Nach kurzer Zeit führt die Sandpiste zu einem Weidezaun, dessen Metalldrähte deutlich schlaffer hängen als normal. Schnell sehen wir den Grund: Jemand hat die Drähte einfach durchgeschnitten. »Bloody Tourists«, flucht Hailey. Die Leute, die auf eigene Faust über das unüberschaubare Gelände fahren, lassen sich von den Zäunen nicht aufhalten. »Sie schneiden einfach die Drähte durch. Das ist ein großes Problem, denn die Tiere können dann von einem Areal ins

Angekommen am Wasserloch.

andere laufen, ohne dass wir es merken. Im Endeffekt entgehen uns dann Tiere im schlachtreifen Alter«, erklärt sie mir.

Dann holt sie ein seltsam aussehendes Werkzeug von der Ladefläche und drückt es mir in die Hand. »Dann mal los«, sagt sie. Die beiden Frauen schauen mich erwartungsvoll an. Ob das hier ein Test für mich sein soll? Mindestens genauso erwartungsvoll schaue ich das massive Werkzeug an. Es besteht aus einem Eisengelenk, das an beiden Enden mit Ketten verbunden ist. An den Enden der Ketten sind Klammern angebracht. Mit einem ratlosen Blick gebe ich das Werkzeug zurück und sage: »Mach mal vor!« Die beiden Cowgirls schauen sich verdutzt an, als wollten sie sagen: »Er weiß nicht, wie man Zäune repariert.« Das scheint so gar nicht in das Weltbild der beiden zu passen, die auf Outbackfarmen groß geworden sind. Flugs spannt Hailey die beiden Drahtenden in die äußeren Klammern der Ketten. Mit dem Gelenk spannt sie die Ketten und zieht sie zusammen, sodass die Drahtenden übereinander reichen. Nun verknotet sie die Drähte, sodass wieder die alte Spannung herrscht. Die beiden Drähte, die darüber verlaufen, übernehme ich. Beifallheischend schaue ich die beiden an. Doch die zeigen sich gänzlich unbeeindruckt.

Wir fahren weiter, um den nächsten defekten Abschnitt zu suchen. Während wir einen weiteren Schaden beheben, schaut uns eine Familie neugieriger Kamele zu, verharrt jedoch in sicherer Distanz. »Kamele? Was machen Kamele im australischen Busch?«, frage ich Fliss. »Die wurden aus Afghanistan importiert«, erklärt sie mir. »Um die Telegrafenlinie im 18. Jahrhundert von Adelaide im Süden bis nach Darwin im Norden zu bauen. Ein paar sind wohl entflohen und die Nachkommen bevölkern heute den Busch«. Tatsächlich leben die größten wilden Kamelherden der Welt in Australien. Werden die Zahlen zu groß, werden sie zum Abschuss freigegeben. Für Hailey und Fliss scheinen die vierbeinigen Beobachter aber auch keine alltägliche Ansicht zu sein.

Nachdem die Sonne untergegangen ist, wird es ziemlich schnell kühl. Wir fahren zur Farm zurück, wo schon das

Abendessen auf uns wartet. Ich bekomme ein Steak, das so groß ist, dass es kaum auf den Teller passt. Danach falle ich förmlich ins Bett. So müde war ich selten in meinem Leben.

Am nächsten Morgen reißt mich nicht der Wecker aus meinen Träumen. Es ist Hailey, die von draußen ruft, dass wir heute eine Stunde früher anfangen. Nach dem Frühstück drückt Matt mir ein Funkgerät in die Hand. Mir schwant Böses. Der ländliche Akzent der Australier ist ohnehin schwer zu verstehen, erst recht per Funkgerät. »Ich gebe dir aus der Luft durch, wo du hinfahren musst. Das ist einfacher, denn die Tiere sind über eine große Fläche verstreut.«

Eine Stunde später stehe ich mit meinem Jeep und den Cowgirls auf ihren Quads wieder im staubigen Nirgendwo. Vor uns befindet sich ein kleines Gatter mit einer Tränke. In der Ferne hören wir ein Motorengeräusch in der Luft. Aus dem Funkgerät quäken Anweisungen, wo die Mädels hinfahren sollen. Meine Aufgabe ist es, dafür zu sorgen, dass die aufgescheuchten Rinder, die sich auf das offene Gatter zubewegen, auch wirklich ins Gatter hineinlaufen und eine Herde bilden. Kurz nachdem die beiden hinter Büschen und kargen Bäumen verschwunden sind, kommen aus allen Richtungen Rinder angetrottet. Fast alle laufen wie ferngesteuert geradewegs ins Gatter hinein, abgesehen von einigen Querulanten, die sich nur widerwillig von mir daran hindern lassen, die Büsche anzuknabbern. Immer wieder sehe ich eine kleine weiße Cessna in der Luft kreisen, die fast schon beängstigend tief fliegt. Nach zwei Stunden und einem geruhsamen Arbeitsmorgen ist die einhundert Tiere große Herde unter lautstarkem Muhen zusammengetrieben.

Mittlerweile hat sich ein neugieriger Zuschauer dazugesellt. Ein Dingo, ein australischer Wildhund, schaut sich sorgfältig um, ob nicht etwas zu fressen für ihn abfällt. Als Hailey und Fliss auf ihren lauten Quads zurückkommen, sucht das ausgemergelte Tier jedoch schnell das Weite.

Wir brauchen weitere zwei Stunden, um die Herde zur Farm zu treiben und in den großen Stall vor dem Hof zu bringen. Flugzeugunterstützung ist dabei allerdings nicht mehr notwendig.

Nach einem Salamisandwich zum Mittagessen fangen wir an, die Tiere zu sortieren. Der Stall umfasst ein Hauptareal, in dem die Rinder eng zusammenstehen. Von dort aus gehen mehrere kleine Nebenareale ab, die durch Tore verbunden sind. Todesmutig steigen wir alle zu den Rindern ins Hauptgatter und öffnen das Tor zum ersten Nebenareal. Mit Händeklatschen und viel Geschrei bringen wir etwa 25 Tiere dazu, sich vom Rest der Herde zu lösen und ein Areal weiter zu gehen. Wir schließen das Tor und machen das Gleiche mit fünf weiteren Tieren, die nun nervös ins nächste Areal laufen. Die Tiere stehen verängstigt und aufgeregt in einem kleinen Abschnitt des Stalls. Matt, Hailey, Fliss und ich haben uns am Rand direkt an den Metallstreben positioniert. Matt zeigt auf ein Tier und ruft dabei meinen Namen. Das ist das Zeichen für mich, ein weiteres Tor zu öffnen, um das Tier ins nächste Separee zu treiben. Die anderen vier Tiere gehören zu Hailey und ihrem Tor und verschwinden in einem anderen Abschnitt.

Feierabend. Der Jackaroo nach getaner Arbeit.

Ich frage Matt, was das Ganze soll. »Wir trennen die Jungbullen vom Rest der Herde, um sie anschließend zu markieren und zu kastrieren,« erklärt er mir und lässt die nächsten fünf beliebigen Tiere hinein. Mit ihnen verfahren wir ähnlich. So geht es immer weiter. Die meisten Tiere bewegen sich freiwillig durch den staubigen Stall. Nur manchmal müssen wir mit Lärm oder einem Klaps nachhelfen, wie bei diesem mächtigen Bullen, der einfach nicht durch mein Tor gehen will. Vorsichtig laufe ich um die anderen Tiere herum, die direkt neben dem Bullen stehen, und will ihm einen Klaps auf den muskulösen Oberschenkel geben. Plötzlich sehe ich, wie das rechte Hinterbein auf mich zu schnellt. Im nächsten Moment taumele ich gegen die massiven Eisenstangen des Geheges. Es fällt mir schwer, Luft zu holen. Ein stechender Schmerz unterhalb meines linken Knies zwingt mich dazu, auf nur einem Bein zu stehen. Meine Mission ist jedoch erfüllt. Der Bulle ist durchs Tor gelaufen. Hailey und Fliss können sich vor Lachen kaum wieder beruhigen. Von einem Rind getreten zu werden, das hatten sie schon lange nicht mehr gesehen. Matt fragt, ob alles okay sei und beschwichtigt mich mit den Worten, dass das am Anfang jedem passiere. Die Mädels lachen immer noch. Der harte Kerl in mir versucht, seinen Schmerz zu verbergen, humpelt aber hinter den anderen her, als diese neue Rinder hereinlassen.

Nachdem alle Jungbullen vom Rest der Herde getrennt sind, treiben wir einen nach dem anderen durch einen engen Gang, an dessen Ende eine Metallklemme steht. Dort wird der Kopf eingespannt und der Körper somit fixiert. Die Tiere sind außer sich vor Angst. Im Gang versuchen sie rückwärts zu gehen, in die Klemme lassen sie sich nur unter starkem Widerstand einspannen. Verständlich! Hailey drückt mir ein tackerähnliches Werkzeug in die Hand und sagt: »Stanz einfach ein Stück Haut aus dem Ohr!« Einfach ist gut gesagt. Das Tier schleudert wütend seinen Kopf hin und her. Ich versuche das Ohr zu packen, bekomme es aber erst nach ein paar Anläufen in die Hände. Dann halte ich ihm den Tacker ans Ohr und drücke zu. Im Tacker bleibt ein daumennagelgroßes dreieckiges Stück Haut hängen. Das

Rind muht laut auf und mein Arm ist voll mit klebrigem Speichel. Irgendwie ist es ein erbärmlicher Anblick. Ich empfinde Mitleid, obwohl der Tritt mir immer noch große Schmerzen bereitet. Das ausgeschnittene Stück Ohr stecke ich in meine Hosentasche. Befehl von Hailey: »So können wir später nachzählen, ob wir auch alle erwischt haben.« Danach nehme ich noch ein zweites Tacker-Werkzeug und stanze dem Tier eine rosa Plastikmarke mit Nummer ins Ohr. Nun kann es endlich aus der Klemme und dem engen Gang wieder in den offenen Stall zurück. Aber es ist noch nicht fertig. Gleich wartet etwas noch viel Schlimmeres auf das Tier. Zuerst sind aber noch alle anderen zwanzig Jungbullen dran. In einem Kraftakt markiere ich einen nach dem anderen. Zum Glück wehren sich nicht alle so stark. Einige ergeben sich sogar seelenruhig in ihr Schicksal. Anschließend zähle ich die 21 Stückchen Ohr aus meiner Hosentasche und werfe sie dem bettelnden Hofhund zu, der sich mit Leidenschaft darüber hermacht.

Danach wollen wir die Tiere kastrieren, aber sie scheinen etwas zu ahnen. Sie lassen sich noch widerwilliger in einen zweiten Gang treiben, an dessen Ende eine riesige Fallklemme aus Metall steht. Ist das Tier fixiert, können wir es mitsamt Klemme seitlich auf den Boden legen. Hier ist es fast bewegungsunfähig. Dann passiert etwas sehr Bizarres: Matt, der eher wie ein schicker Geschäftsmann mit Hemd gekleidet ist und ohnehin nicht wie ein Outback-Farmer aussieht, holt ein Skalpell hervor. Er strahlt auch jetzt wie eigentlich den ganzen Tag, macht ein paar Schnitte zwischen den Beinen des Tieres und hält dann zwei blutige Hoden in der Hand, die er stolz präsentiert. Ich schaue leicht angewidert weg. Nicht so der Hofhund: Schwanzwedelnd bedankt er sich für eine Gourmetmahlzeit. Eine? Nein! Es werden 21. Nachdem alle Bullen ihrer Männlichkeit beraubt sind, dürfen sie wieder zum Rest der Herde stoßen. Der Arbeitstag für heute ist beendet.

Als wir später beim Abendessen sitzen, erzählt Hailey erst einmal zum Vergnügen aller, wie ich von dem Bullen getreten worden bin. Verlegen lache ich mit und esse meinen Fleischspieß, der so groß ist, dass er kaum auf den Teller passt. Als ich im Bett liege, kann ich nicht einschlafen. Mein Bein, das mittlerweile in allen möglichen Farben leuchtet, tut richtig weh. Meine Gedanken kreisen um die Flying Doctors, jene Ärzte, die mit Flugzeugen zu Farmen im Outback fliegen, um Menschen zu behandeln. »Ich werde mal den nächsten Tag abwarten«, denke ich. Schließlich werde ich von den Rindern in den Schlaf gesungen. Ihr Gebrüll aus dem Stall hört man deutlich bis zum Hof hin. Es klingt ein bisschen wehklagend. Der Fleischspieß vom Abendessen liegt so noch schwerer im Magen.

Der nächste Morgen beginnt damit, dass ich schwungvoll aus dem Bett aufstehe und schmerzhaft an meine Verletzung erinnert werde. Das Bein ist mittlerweile dick angeschwollen. Also humpele ich in den Aufenthaltsraum. Wir frühstücken ausgiebig und langsam. Insgeheim wundert es mich, dass ich zu meinen Cornflakes kein Fleisch gereicht bekomme. Heute habe ich nur einen kurzen Arbeitstag vor mir. Wir müssen die Herde von gestern wieder an ihren alten Weideplatz zurückbringen. Danach habe ich frei, während die anderen weit draußen Bewässerungssysteme checken.

Im Computerraum im Haupthaus sehe ich Josh sitzen, der gerade seine Hausaufgaben macht. Interessiert schaue ich ihm über die Schulter. »Wo hast du denn das Material her?«, frage ich ihn. »Das kommt alles von der ›School Of The Air‹.« erklärt der Grundschüler und erläutert mir das Konzept. Der Lehrer sitzt in einem Schulhaus in Alice Springs. Von dort meldet er sich jeden Morgen per Funkgerät bei den Schülern. Die sind über das ganze Outback Australiens verstreut. Meistens wohnen sie auf Farmen, manche aber auch in Straßenarbeiterlagern oder Aborigines-Gemeinden. Nach dem, was Josh mir beschreibt, ähnelt der Unterricht ziemlich dem einer normalen Schule. Der auffälligste Unterschied ist, dass die Klassen kleiner sind, ungefähr zehn Schüler groß. Das Arbeitsmaterial gibt es per E-Mail und Bücher werden per Post verschickt. Jeder Schüler hat zusätzlich einen Mentor, eine Art Hilfslehrer, der in dessen Umfeld lebt. »Meistens ist es ein Elternteil, manchmal auch ein Farmarbeiter«, erklärt Josh. »Bei mir ist es meine Mum. Sie hilft mir bei den Hausaufgaben und wenn es sonst irgendwo Schwierigkeiten gibt.« Beeindruckt schaue ich mir das Arbeitsmaterial an: Lückentexte und Rechtschreibübungen. Genau wie zu meiner Grundschulzeit, denke ich. Der Nachteil ist nur, dass man mit seinem Sitznachbarn keinen Blödsinn machen kann.

Später am Nachmittag kriegen die Smiths Besuch: Touristen! Zwei ältere Paare aus Sydney nehmen ein Taxi-Flugzeug, um als zahlende Gäste auf der Farm zu übernachten. Für Rinderzüchter wie die Smiths ist diese Art des Urlaubs auf dem Bauernhof ein einträgliches Zubrot. Stolze 300 Dollar müssen Besucher pro Nacht inklusive nicht vegetarischer Verpflegung bezahlen. Pro Person versteht sich. Dafür bekommen sie die authentische Erfahrung, eine Outback-Farm zu besuchen.

In großer Runde essen wir gemeinsam zu Abend. Es gibt überbackene Schnitzel, die einmal mehr so groß sind, dass sie kaum auf den Teller passen. Danach folge ich Hailey und Fliss in unseren Aufenthaltsraum. »Was kann man denn hier so abends machen?«, frage ich. Mal eben in der Bar vorbeischauen geht wohl schlecht und das Kino ist auch zu weit weg. »Außer Fernsehen oder mit Leuten telefonieren gar nichts«, erklären sie mir. »Meistens betrinken wir uns.« Trinken scheint auf dem Land wirklich eine Art Volkssport zu sein, dem wir uns an diesem Abend hingebungsvoll widmen.

Den nächsten Tag haben wir alle frei. Die Familie ist zu einem Geburtstag auf einer Nachbarfarm eingeladen, also vergnügt sich die Belegschaft im Pool auf dem Hof. Hier lerne ich Jason kennen, der gerade aus seinem Heimaturlaub zurückkehrt. Er ist schmächtig und klein, höchstens 18 Jahre alt und sieht so gar nicht nach Cowboy aus. Wie die Mädels hat auch er schon immer auf Farmen gearbeitet und er hat jede Menge Bier mitgebracht. Für einen Australier ist es selbstverständlich, dass er sein erstes Sixpack mit mir teilt. Nach dem Abendessen – diesmal sind es Steaks, die fast über den Tellerrand hängen – lernen wir noch die Verstärkung für den morgigen Tag kennen: einen Hubschrauberpiloten. Im Gegensatz zu Jason sieht er wie ein richtiger Cowboy aus. Er trägt einen weißen Hut mit breiter Krempe und hat Lederstiefel an. Morgen werden wir die riesige Herde, die wir am ersten Tag zum Wasserloch getrieben haben, wieder zur Farm zurückbringen. Es sind allerdings so viele Tiere, dass es schwierig wird, sie nur mit dem Flugzeug alle wiederzufinden. Also hat Matt noch zusätzlich einen Hubschrauber geordert. Es sind immerhin an die tausend Tiere in einem riesigen Areal. Das wird ein harter Arbeitstag. Zum Glück verblassen die Blutergüsse an meinem Bein nun doch recht zügig.

Nach zwei Wochen absolviere ich meinen letzten Arbeitstag. Es wird Zeit meinen Bruder Thomas am Flughafen abzuholen, um mit ihm gemeinsam das Northern Territory zu bereisen. Als ich abends im Bett liege, denke ich: Diese Arbeitserfahrung war spannender und abenteuerreicher als jeder Bürojob, den ich später einmal kriegen kann. Wo kann man solche Erfahrungen in Deutschland schon machen? Auf Dauer wäre die Abgeschiedenheit der Farm aber nichts für mich.

Was ich gelernt habe:

› Bleibe nie hinter einem aufgebrachten Rind stehen.

› Ich möchte in keinem Beruf arbeiten, in dem ich Lebewesen kastrieren muss.

› In einem guten Team zu arbeiten, ist die Würze im Berufsleben.

7

Reisegefährten

Work and Travel an Australiens Westküste

Mein Zuhause auf vier Rädern.

Ich schwitze. Die Nacht ist furchtbar schwül. Mein T-Shirt klebt an mir. Immer wieder streift mich Scheinwerferlicht und lässt den Innenraum meines Kombis für Sekunden taghell aufleuchten. Hoffentlich bemerkt niemand, dass ich hier im Auto schlafe, denke ich mir. Ein Polizeiwagen biegt in die Straße ein. Ich werde nervös und schwitze noch mehr. Überall in der Nähe von Darwins Stadtstrand Mindil Beach stehen Schilder mit der Aufschrift »Camping prohibited – fine«, also Campen bei Strafe verboten.

War das wirklich eine kluge Entscheidung, mich für die Nacht in diese Seitenstraße zu stellen? Vielleicht hätte ich doch besser ein Bett im Hostel buchen sollen. Entspannter wäre es. Aber dann würde mir auch dieses Kribbeln in meinem Bauch entgehen, das Gefühl von Abenteuer.

Ich verbringe die erste Nacht in meinem eigenen Auto, meinem neuen Zuhause. Die Ladefläche und die umgeklappte Rückbank sind mein Bett. Ich schwebe förmlich darin – vor Anspannung, aber auch vor Glück. Mein Körper fühlt sich an wie elektrisiert. Ich kann jetzt hinfahren, wo ich will. Schlafen, wo ich will. Erleben, was ich will. Mein Gefühlscocktail und die stickige Luft sorgen dafür, dass ich kein Auge zumache. Trotzdem möchte ich mein Erlebnis gegen kein klimatisiertes Hostel-Bett auf dieser Welt tauschen.

In Gedanken lasse ich noch einmal die letzten fulminanten Tage passieren. Nach einer ereignisreichen Woche habe ich Yogis Königreich wieder verlassen. Meine WWOOF-Reisegefährten Martin und Katharina bringen mich zurück nach Darwin und setzen mich in der Mittagshitze am Melaluca-Hostel an der Mitchell Street ab. Meine Unterkunft im Acht-Bett-Schlafsaal kommt mir wie eine Gefängniszelle vor: stickig, laut, beengt. Zimmergenossen telefonieren, kramen, quatschen, nerven mich. Ich will hier nur raus, wieder mit der Aussicht auf den Sonnenuntergang einschlafen und mit dem Vogelgesang aufstehen. So schnell wie möglich möchte ich in Darwin ein Auto kaufen und wieder nach meinem Ostküstenmotto leben: Home is where I park.

Ich kann nicht sagen, warum. Aber ich weiß, das ist mein Auto. Genau dieses Auto will ich haben, das fühle ich schon in dem Moment, in dem ich die Anzeige sehe. Mit Herzklopfen rufe ich die Nummer an. Dann geht alles ganz schnell: Ich treffe mich mit einem jungen niederdischen Paar, das knatternd mit seinem uralten Holden-Commodore-Kombi vorfährt. Der Wagen ist mit rotem Staub überzogen, der linke Seitenspiegel fehlt, die Reifen sind völlig abgefahren. In Deutschland würde ich vermutlich schreiend wegrennen. Aber mein Bauch sagt: »Was für ein tolles Auto!« Woher dieses Gefühl kommt, weiß ich nicht. Mein Kopf sträubt sich allerdings, zum Glück. Denn die beiden Niederländer möchten den Wagen schnell verkaufen und bieten mir bei meinem Zögern einen enormen Preisnachlass: 1250 Dollar, umgerechnet etwa 900 Euro. In Deutschland würden jetzt ganz sicher alle Alarmglocken schrillen – hier nicht. Zu laut ist die Stimme in meinem Bauch. Ich sage einfach ja.

Ich werde nie wieder gebrauchte Reifen kaufen!

Am nächsten Tag fahren wir zusammen zum Amt. Die Niederländer helfen mir, den Wagen umzumelden. Gegenseitige Hilfe ist hier selbstverständlich. Danach fahren wir zu einem Reifenhändler, der mir drei gebrauchte Reifen für einen sehr günstigen Preis aufschwatzt. Wir verabschieden uns herzlich voneinander, wünschen uns gegenseitig eine frohe Weiterreise und mein Wagen gehört endlich ganz allein mir. Das erste Auto, das ich in meinem Leben gekauft habe. Jetzt verbringe ich die erste Nacht darin, eingepfercht zwischen Beifahrersitz und Kofferraumklappe, zwischen Gepäck und Campingausrüstung. Aufregung und Schlaflosigkeit trüben meine Aussichten nicht. Mein Blick ist nach vorne gerichtet. Ich will Australien mit allen Sinnen fühlen und wieder meine Freiheit leben.

Wenig später fahre ich mit Hilco, einer flüchtigen Reisebekanntschaft, 1500 Kilometer Richtung Süden. Unterwegs gibt es im kargen Outback einiges zu entdecken. Wir schwimmen in den kristallklaren und erfrischenden Quellen von Mataranka. Im legendären Outback-Pub in Daly Waters trinken wir ein Bier. Wir stehen eine Reifenpanne auf dem glühend heißen Stuart Highway durch und ich verfluche meine Entscheidung, gebrauchte Reifen zu kaufen. Wir pad-

Ein neugieriger Gast auf dem Zeltplatz.

deln über das ruhige Wasser der bizarren Katherine-Schlucht und werden auf dem Zeltplatz von räuberischen Kängurus überfallen. Ihre Beute: unser gesamter Nudelvorrat. In Alice Springs trennen sich unsere Wege wieder. Für meine Erfahrung des Outback-Lebens auf der Rinderfarm New Crown darf ich mein Auto auf dem Hinterhof des Hostels stehen lassen.

Zurück in der Wüstenstadt freue ich mich auf Familienzeit. Mein Bruder Thomas kommt zu Besuch. Er reist in Begleitung seines Freundes Christoph durch Australien, der im Anschluss an die Reise in Melbourne arbeiten wird. In Alice Springs treffen wir uns. Wir planen, zusammen zum Uluru (Ayers Rock) und dann wieder Richtung Norden nach Darwin zu fahren, wo die beiden weiter an die Ostküste fliegen.

Nach all den Monaten, die wir uns nicht gesehen haben, nehmen wir uns herzlich in den Arm. Die Vertrautheit tut mir gut. Die vergangenen zwei Monate nach dem emotionalen Abschied von Felix und Steffen waren geprägt von schnell wechselnden Reisegefährten. Solche Bekanntschaften sind einerseits großartig. Man lernt sich schnell und unkompliziert kennen, zum Beispiel im Hostel, in der Bar, am Strand, bei einem Ausflug oder einer WWOOF-Stelle. Man lacht miteinander, erlebt miteinander und lernt voneinander. Andererseits entsteht eine tiefe Vertrautheit oder Freundschaft einfach nicht in ein paar Tagen. Man macht unterschiedliche Pläne, die Wege trennen sich.

Und das ist leider die große Krux am Backpacker-Leben. Wenn ich reise, bezahle ich einen Preis. Ich gewinne das Unbekannte, folge dem Sirenengesang, der mich in die Ferne zieht. Dafür bezahle ich zwar nicht mit Schiffbruch, aber mit dem Verlust von Nähe und Vertrautheit. Familie und Freunde verschwinden aus meinem Blickfeld. Ich muss auf Menschen verzichten, die ich teils schon mein ganzes Leben lang kenne, deren Einstellungen und Sichtweisen ich teile. Es ist spannend, immer wieder neue Leute kennenzulernen. Aber nichts ist vergleichbar mit dem familiären Rückhalt bei den Menschen, auf deren Reaktionen und Humor ich mich verlassen kann, weil ich sie in- und auswendig kenne.

Jetzt ist Thomas hier. Das tut gut. Unseren ersten Abend beginnen wir im Saloon Bojangles, wo wir eine Menge Bierflaschen zusammen leeren und es guter Ton ist, die Schalen der geknackten Erdnüsse einfach hinter sich auf den Boden zu werfen. Diesmal gibt es kein Abtasten oder höflichen Smalltalk. Alte und neue Geschichten erklingen bis zum frühen Morgen.

Gemeinsam verlassen wir Alice Springs. Zu dritt fahren wir zum Uluru (Ayers Rock) und genießen sein einmaliges Farbenspiel in der Morgendämmerung. Wir erwandern die Felsen von Kata Tjuta, einem weiteren besonderen Ort der Aborigines. Wir stehen die nächste Reifenpanne auf dem glühend heißen Stuart Highway durch. Warum noch mal musste ich in Darwin gebrauchte Reifen kaufen? Wir zelten im Dschungel Nordaustraliens und baden in den erfrischenden Wasserfällen des Litchfield-Nationalparks. Ich genieße die Zeit so intensiv wie seit dem Roadtrip mit Felix und Steffen nicht mehr – auch wenn es mal Streit oder unterschiedliche Meinungen gibt. Das gemeinsame Erleben ist wichtiger als das Ereignis selbst. Das wird mir hier nach

Der Uluru, der heilige Berg der Aborigines, steht wohl bei allen Backpackern auf dem Reiseplan.

zwei Monaten mit wechselnden Reisegefährten noch mal ganz klar. Aber genauso wie mit flüchtigen Reisebekanntschaften kommt der Tag des Abschieds auch mit Thomas und Christoph. Nach einer fantastischen Zeit mit viel Lachen und Abenteuer bringe ich die beiden zum Flughafen und sie setzen ihren Weg an die Ostküste fort.

Für mich geht es dann durch die Kimberleys an die Westküste von Australien. Wenn ich große Strecken fahre, suche ich immer per Hostel-Aushang Mitreisende, die meine Idee vom einfachen Lebensstil teilen oder sich zumindest drauf einlassen. Wir zelten gemeinsam im Nirgendwo, kochen unser Essen auf dem kleinen Gaskocher, waschen uns in Flüssen oder im Meer. Dann geht es weiter. Wir besuchen kleine Städtchen, finden uns auf seltsamen Outback-Raves wieder und genießen die Sonnenuntergänge. Wir atmen die salzige Luft des indischen Ozeans und bodyboarden auf seinen starken Wellen. Wir erkunden die bizarren Schluchten des Karijini-Nationalparks und gelangen zum Ningaloo-Riff in Exmouth.

Hier erfülle ich mir einen lange gehegten Traum. Ich möchte eine Tauchlizenz machen und nehme an einem PADI-Tauchkurs teil. Das Ningaloo-Riff gehört laut dem Tauchpionier Jacques Cousteau zu einem der zehn besten Tauchreviere auf diesem Planeten und ist glücklicherweise

Tauchen lernen, davon habe ich lange geträumt. Das Ningaloo-Riff ist ein perfekter Spot, um den Traum in die Realität umzusetzen.

nicht so mit Tauchtouristen überlaufen wie die gängigen Tauchspots am Great Barrier Reef an der Ostküste. Unter Wasser erlebe ich Muränen, Meeresschildkröten, große Schwärme bunter Fische, Seesterne, Mördermuscheln und Rotfeuerfische. Über Wasser hält das Riff noch mehr als versprochen. Auf der Rückfahrt von einem Tauchspot sehe ich, wie zwei Buckelwale majestätisch aus dem Wasser springen und mit lautem Platschen wieder eintauchen. Nach ein paar Sprüngen drehen sie ihre Schwanzflosse zu mir und als ob sie mir zum Abschied winken, verschwinden sie in den Tiefen des Meeres.

Meine Erfahrungen am Ningaloo-Riff gehören zum Besten, was Australien für mich bereithält. Nicht nur wegen des Tauchkurses selbst, sondern auch, weil ich beim Lernen für die Abschlussprüfung zwei wunderbare Menschen auf meinem Campingplatz treffe: Jannis aus Hannover und Steffi aus Hessen. Rein zufällig kreuzen sich hier unsere drei Wege. Steffi hatte von Deutschland die Nase voll. Sie hat ihre sichere Stelle bei einer Bank gekündigt, ist nach Perth geflogen und hat die Westküste bis Exmouth bereist. Ihre organisierte Tour endet hier und sie scheint unentschlossen, wie es weitergeht. Jannis hat seine Reise in Neuseeland begonnen und dann in Australien eine ähnliche Route wie ich genommen. Er pflegt auch einen sehr ähnlichen Lebensstil: Mit wenig Geld unterwegs, verbringt er seine Nächte im Outback im Zelt. In Exmouth ist er gestrandet, weil seine Mitfahrgelegenheit einfach ohne ihn weitergefahren ist.

Wir drei verstehen uns auf Anhieb blendend. Wir lachen viel und haben einen großen Appetit aufs Leben. Ich biete beiden an, dass ich sie Richtung Perth mitnehme, sobald mein Tauchkurs abgeschlossen ist. Zum Glück sagen sie sofort zu. Jannis aus voller Überzeugung, Steffi, weil sie nicht so ganz genau weiß, wohin sie das Leben treibt.

Gemeinsam erkunden wir den Nationalpark entlang des gewaltigen Riffs. Wir zelten an puderweißen Stränden. Delfine und Meeresschildkröten schwimmen auf uns zu, kleine Riffhaie ängstlich von uns weg. Ein paar Schritte ins warme Wasser genügen und schon erleben wir die Korallengärten.

Weiter geht es an der Küste entlang. Die Landschaft ist herrlich und einsam. Fantastische Wildblumen säumen unseren Weg. Wir sehen uns die artenreiche Shark Bay an. In Monkey Mia besuchen uns zahme Delfine, die täglich aus dem offenen Meer ins seichte Wasser schwimmen und sich für einen leckeren Fisch vom Ranger zum Anfassen nah zeigen.

Meine bisherigen Reisegefährten haben in der Regel meinen Reisestil mit mehr oder weniger Freude geteilt. Manchen war er zu unkomfortabel, andere fanden die Abgeschiedenheit und Einfachheit meiner Reise super und haben sich davon anstecken lassen. Jannis aber hebt uns aufs nächste Level. Wenn er im Reiseführer auch nur den kleinsten Hinweis auf ein Abenteuer entdeckt, zieht er los, um es zu finden.

Auf einer Karte entdeckt er einen kleinen, unbekannten Nationalpark mit dem Hinweis auf eine abgeschiedene Wanderung. Wir sind dabei! So landen wir im Kalbarri-Nationalpark. Wenn sich Reisende überhaupt hierher verirren, begnügen sie sich in der Regel damit, die bizarren

Felsformationen am Eingang und Ende der Schlucht anzufahren. Jannis überzeugt uns davon, dass dazwischen ein Abenteuer wartet. Und Jannis ist in dieser Angelegenheit Experte. Jeden Abend begeistert er uns mit seinen Wandergeschichten. Vor Australien ist er durch Neuseeland gereist. »Die Natur dort ist einfach der Wahnsinn!«, berichtet er uns leidenschaftlich. Er beschreibt die Inseln als ein wahres Wanderparadies voller schneebedeckter Berge und grüner Urwälder. Erloschene Vulkane und goldgelbe Strände kommen in seinen begeisterten Schilderungen ebenso vor wie tiefe Seen und mächtige Gletscher. »Und sobald du die Touristen-Hotspots verlässt, begegnest du auf so einer Wanderung keiner Menschenseele«, schwärmt er.

Nach seinen begeisterten Erzählungen von einsamen Touren, nur mit Campingkocher und Schlafsack im Gepäck, braucht Jannis uns nicht lange bitten. Wir wollen unbedingt in diese einsame Schlucht wandern – obwohl Steffi und ich aus Kindertagen eher abschreckende Erinnerungen mit dem Thema Wandern verbinden.

Die Vorbereitung ist alles andere als einfach, denn es gibt keinen offiziellen Weg. Ein Ranger erklärt uns, dass auch die Wasserversorgung mehr als fraglich ist. Die Sonne brennt heiß und der Flüssigkeitsbedarf ist entsprechend hoch. Auf der Hälfte der Strecke tritt Süßwasser tröpfchenweise aus der Felswand heraus und die Ranger haben an dieser Stelle Eimer aufgestellt. Wenn wir Glück haben, treffen wir dort auf Eimer voller Süßwasser. Wenn wir Pech haben, hat sie der Wind oder ein Tier umgestoßen. Zehn Liter Wasser pro Person tragen wir deshalb auf unseren Schultern - neben Schlafsack und Isomatte, Kleidung, Campingkocher und Lebensmitteln. Zur Sicherheit melden wir uns am Vorabend bei den Rangern an.

Dann starten wir ins Abenteuer. Der Tag liegt vor uns – und eine Schlucht aus roten Granitfelsen, bizarr geformt, wildromantisch und schön. In der Mitte fließt ein smaragdgrüner, verführerischer Salzwasserfluss, dessen Lauf wir folgen. Das Wasser auf meinem Rücken wiegt schwer. Die Versuchung, einen Kanister einfach jetzt schon abzustel-

len, ist groß. Die Sonne klettert langsam über die Felswand. Mit entschlossenen Schritten ziehen wir los und bahnen uns unseren Weg. Wir laufen über nackten Stein, über ausgedehnte Vorsprünge, klettern über Felsen. Mitsamt unserem Eigen- und Fremdgewicht ziehen wir uns nach oben, steigen dann wieder nach unten ab. Wir freuen uns, wenn sich die Schlucht etwas weitet, sodass wir Platz zum Wandern haben. Immer wieder gleitet unser Blick über den trägen Fluss. Wir halten respektvollen Abstand, denn hier sollen gefährliche Salzwasserkrokodile leben. Auf dem Fels sind wir sicher, denn Krokodile kommen nur an Land, um sich zu trocknen, nicht zum Jagen. Im Wasser hätten wir jedoch keine Chance gegen die gewaltigen Tiere. Sobald ein Krokodil seine Beute im Blick hat, gibt es kein Entrinnen mehr. Dabei ist es dem Krokodil völlig egal, ob es hungrig ist oder nicht. Diese über 200 Millionen Jahre alte Spezies ist sehr erfolgreich auf Fressen programmiert. »Befindest du dich mit einem Salzwasserkrokodil im Wasser, wird es zu dir schwimmen, dich packen und mit einer Rolle unter Wasser ziehen. Dann wirst du entweder sofort verspeist oder in seiner Vorratskammer lagern, bis es hungrig ist«, erinnere ich mich an die Worte des Rangers im Litchfield-Nationalpark.

Ich habe mit Australiens Krokodilen im Nordterritorium schon mehrmals Bekanntschaft gemacht. Als wir durch die Katherine-Schlucht paddelten, habe ich auf einer Sandbank, die diese zur Eiablage nutzen, frische Spuren von Krokodilen gesehen.

Nahe Darwin haben wir die Tour eines ganz besonderen Anbieters mitgemacht. Er fuhr Thomas, Christoph und mich mit einem kleinen Boot hinaus auf den Fluss. Dort band er ein Stück Fleisch an eine hakenlose Angel, hielt sie zwei Meter über die Wasseroberfläche und wir brauchten nicht lange zu warten. Ein freilebendes Krokodil war schon so auf sein Boot konditioniert, dass es langsam auf uns zu schwamm. Das Tier wartete mit ruhigem Blick unterhalb des Köders. Sein Körper senkte sich langsam im Wasser ab, immer auf die Beute fokussiert. Plötzlich schoss die riesige

Bestie aus dem Wasser heraus, schnappte zu und platschte laut wieder herunter. Zurück blieb nur eine leere Schnur.

In einem abgelegenen Dorf machte ich später eine bizarre Erfahrung. Nach einem langen Tag im Auto wollten meine Mitfahrer und ich uns abkühlen. Wir sprangen in den einladenden Fluss und nahmen ein erfrischendes Bad. Als wir abends zurückkehrten, leuchtete ein Angler mit seiner Lampe über die Wasseroberfläche. Überall glühten rote und gelbe Punkte in der Dunkelheit: Krokodilaugen. Der Fischer sagte lachend, dass es sich um harmlose Süßwasserkrokodile handele. Seine Freunde führen hier sogar Wasserski. Gebadet haben wir dort trotzdem nicht mehr.

In den großen Nationalparks im Norden sind alle Flüsse und Wasserstellen mit einem Warnsystem versehen. Dort haben Ranger Bojen im Wasser platziert, an denen man die Anwesenheit eines gefährlichen Salzwasserkrokodils ablesen kann. Die Bojen weisen dann Bissspuren auf. Dieses Warnsystem wurde installiert, nachdem vor einigen Jahren tödliche Unfälle mit Touristen passiert sind. Auch an den meisten Stränden im Norden ist das Baden im Meer verboten. Leider interessiert es Salzwasserkrokodile trotz ihres Namens nicht, in welcher Art Wasser sie sich aufhalten.

Doch im Kalbarri-Nationalpark genießen wir die Wanderung, anstatt uns um mögliche Krokodile Sorgen zu machen. Nach und nach werden zumindest Steffis Schultern leichter, weil wir ihr Wasser zuerst trinken, um sie zu entlasten. Abends finden wir auf einem schönen Felsvorsprung eine kleine grüne Wiese im roten Felsenmeer. Die Lage ist malerisch, fast zu schön, um wahr zu sein. Wir halten genug Abstand zum Fluss und zu möglichen geschuppten Überraschungsgästen. Am Lagerfeuer essen wir unsere Fertignudeln mit Baked Beans und fallen todmüde auf die Isomatten. Der unglaubliche Sternenhimmel entschädigt uns für alle Strapazen und schmerzenden Muskeln.

Wie kleine Kinder freuen wir uns über den Tag und über unsere gegenseitige Unterstützung: Räuberleitern an Felsen, Witze erzählen, wenn die Last auf den Schultern zu schwer wurde, und immer wieder gegenseitiges Aufbauen. Ich bin einfach nur dankbar für solche tollen Reisegefährten.

Am nächsten Morgen kommen unsere Muskeln nur schwer in Gang. Zum Glück hat sich die Last auf den Schultern auch bei Jannis und mir verringert. Wir erreichen die Stelle, wo Süßwasser aus dem Felsen sickert. Hier lehrt uns die Wanderung kosmische Ironie: Die Eimer sind natürlich zum Überlaufen voll. Ärgern wir uns darüber, dass wir so viel Wasser umsonst geschleppt haben? Nein. Wenn es ein Abenteuer sein soll, dann müssen Verlauf und Ende unvorhersehbar sein. Ansonsten kann ich auch in ein Reisebüro gehen und mir eine geführte Tour buchen, bei der vorher feststeht, um welche Uhrzeit ich was erleben werde. Aber bei Trinkwasser gibt es keine Kompromisse. Also freuen wir uns daran, wie in Zeitlupe ein Wassertropfen nach dem anderen aus der rauen Felswand perlt. Aus den Wassereimern trinken wir ausgiebig und haben sogar noch etwas übrig, um uns zu waschen.

Nachmittags erreichen wir ein schattiges Plätzchen, bevor wir noch einen steilen Aufstieg aus der Schlucht heraus bewältigen müssen. Wir strecken uns aus und genießen noch einmal die herrliche Natur. Die Nacht war aufregend und nur bedingt erholsam, die Wanderung kräftezehrend. Ein bisschen Pause haben wir uns verdient.

Geraume Zeit später erwache ich. Die Sonne steht schon hinter der Felswand. Ich wecke Jannis und Steffi. Nun müssen wir uns beeilen, denn wir haben noch eine Herausforderung vor uns. Nach einem anstrengenden Aufstieg erreichen wir das Natural Window. Zu dieser Felsformation führt eine Schotterpiste mit Parkplatz. Hier erhoffen wir uns eine Mitfahrgelegenheit. Das ist unsere einzige Chance, wieder aus dieser Schlucht zu unserem Auto zu kommen. Aber ob so spät am Tag überhaupt noch Touristen unterwegs sind?

Wir sitzen im Schatten eines alten Eukalyptusbaums und haben den Parkplatz mit Sicht auf die bizarre Schlucht ganz für uns – was uns jetzt gerade gar nicht mehr so recht ist.

Endlich taucht doch noch die Staubfahne eines Autos auf. Ein älteres Schweizer Paar nimmt mich mit. Reisende unterstützen sich wirklich immer gegenseitig, obwohl meine Kleidung und mein Geruch alles andere als gesellschaftstauglich sind. So bin ich dann in Windeseile bei meinem Commodore und wieder zurück bei Jannis und Steffi.

Während die Sonne untergeht, denke ich mir: Wir haben eine wirklich anspruchsvolle Wanderung gemeistert. Das war viel spannender als die gezwungenen Touren meiner Kindheit. Davon will ich mehr!

Wir drei setzen unsere Reise nach Perth fort. Unterwegs finden wir heraus, warum bei Geraldton die Seen pink gefärbt sind und probieren Sandboarding auf den Dünen der Nambung-Wüste. Nach tausenden gemeinsamen Kilometern fahren wir schwermütig in den Trubel und Lärm von Sydney ein. Der Abschied von meinen Freunden naht. Nach so vielen gemeinsamen Erlebnissen passt der Begriff Reisegefährten nicht mehr.

Jetzt ist es Zeit, neue Reisepläne zu schmieden. Jannis hat mich in den letzten Wochen so für Neuseeland und Wandern begeistert, dass ich tatsächlich von meinem jahrelangen Sehnsuchtsziel Australien ablasse. Nach sieben Monaten ist es Zeit für einen Wechsel! Genauso abrupt, wie ich bisher meine Reisepläne täglich aufgestellt, verworfen, neu geplant, wieder umgeworfen und durchgezogen habe, buche ich mir ein Flugticket nach Neuseeland. Abgelegene Orte zu finden und zu erwandern, ist genau mein Ding, das wusste ich bisher nur noch nicht.

Wandern ist Reisen in Slow Motion. Ich sehe die Farben des Himmels intensiver, spüre die Sonnenstrahlen auf meiner Haut wärmer, höre die Geräusche der Natur melodischer. Ich habe Zeit, meine Gedanken zu sortieren, Eindrücke aufzunehmen und zu verarbeiten. Selbst ein einfaches Stück Brot schmeckt nach anstrengenden Kilometern wie ein Gericht im Gourmet-Restaurant.

Steffi möchte ihre Reise in Australien fortsetzen, da sie bisher nur die Westküste gesehen hat. Sie will unbedingt zum Uluru fahren und ist so begeistert von unserem freien Lebensstil, dass sie sich kurzerhand dazu entschließt, mein Auto zu kaufen. Ich helfe ihr, den Wagen durch den TÜV zu bringen, denn in Westaustralien sind die Vorschriften strenger als im Nordterritorium. Mit einem mitleidigen Kopfschütteln drückt man uns eine lange Mängelliste in die Hand. Dass der linke Seitenspiegel fehlt, kommt hier gar nicht gut an, genauso wenig die fehlende Wegfahrsperre.

Wofür ich eine Wegfahrsperre in einem uralten rostigen Backpacker-Auto brauche, weiß ich nicht. Aber nicht nur in Deutschland gibt es seltsame Regeln. Also verbringen wir die nächsten zwei Tage damit, zu Schrotthändlern zu fahren und alle benötigten Ersatzteile zu besorgen. Zum Glück verkauft uns hier niemand gebrauchte Reifen. Wir finden einen Mechaniker, der uns nach Feierabend hilft, den Wagen kostengünstig instand zu setzen. Jetzt hat auch der australische TÜV nichts mehr zu meckern. Steffi ist glücklich, denn sie kann mit ihrem Auto ihr eigenes Abenteuer beginnen. Sie wird ins Nordterritorium fahren. Für Jannis geht es Richtung Südwestaustralien weiter. Er möchte dort alleine eine schwierige zehntägige Wanderung meistern. Und für mich? Auf nach Neuseeland.

Was ich gelernt habe:

› Kaufe niemals gebrauchte Reifen.

› Freunde machen das Leben so viel besser.

› Erst die Einheimischen fragen, dann schwimmen gehen.

8

Wanderfieber

oder warum Neuseeland so grün ist

»Wir kommen zur Auktionsnummer 167, Nummer 167 bitte. Das Startgebot beträgt 2500 Dollar. Wer bietet mehr? 2500, 2500, wer bietet mehr?«

Niemand regt sich.

»2500 Dollar für so ein schönes Auto, 2500 Dollar. Wer bietet 2500 Dollar?«

Immer noch regt sich niemand.

Mein Herz klopft. Nein, es klopft nicht, es schlägt wie die Trommel bei einem wilden Tanz.

Wieder ertönt es von vorne: »Okay, 2400, 2300, 2200, 2100, 2000. 2000 Dollar für dieses wunderschöne Auto.«

Der Saal bleibt ruhig. Eigentlich müsste jeder im Saal meinen trommelnden Herzschlag hören, aber das wäre fatal. Ich versuche so lässig und desinteressiert wie möglich zu bleiben. Im Auktionssaal von Hammer Auctions in Neuseelands Hauptstadt Auckland sitzen ungefähr 200 Leute auf der Tribüne. Nur wenige starren dabei so gebannt wie ich auf den Auktionator, der vorne auf der Bühne sein Schauspiel vollführt. Mein Objekt der Begierde ist ungefähr das dreißigste Auto, das an diesem Abend versteigert wird. Vorher sind viele hochpreisige Autos weggegangen, vor allem SUVs.

»1900, 1800, 1700 Dollar? Wer bietet 1700 Dollar? Wir haben hier wirklich ein tolles Auto!«

Mein Herzschlag verändert sich von Trommelrhythmus in Maschinengewehrsalve. Mein Kopf muss hochrot sein. Jetzt bloß noch kein Interesse zeigen, da ist noch mehr drin, denke ich mir.

»1600? 1500, 1400. Wer bietet 1400 Dollar?«

Ich schaue mich noch einmal um. Von den 200 Interessenten regt sich immer noch niemand. Vermutlich ist ihnen der Wagen zu klein und zu alt. Die meisten sind für hochwertigere Autos hergekommen. Bei einigen Wagen habe ich wahre Bieterrennen beobachten können. Der Startpreis hat sich teilweise verdoppelt.

»1300, 1200 Dollar?« Der Auktionator macht eine Pause, schaut einmal in die Runde hebt seinen Arm und damit den Hammer, um die Auktion für beendet zu erklären.

Erst im letzten Moment schnellt meine Hand in die Höhe. Kann ein Herz zerplatzen vor Spannung?

»1200 sind geboten, 1200 sind geboten«, ruft er.

Ein anderer Arm ein paar Reihen vor mir geht in die Höhe.

»1300, 1300 Dollar ist das nächste Gebot.« Jetzt ist der Auktionator in seinem Element, freudestrahlend versucht er, den Preis wieder hochzutreiben.

Es gibt doch noch jemanden, der dieses Auto haben will. Ein älterer Mann hält aktuell das höchste Gebot. Er dreht sich zu mir um, als ich die Hand hebe und 1400 Dollar biete. Für einen Moment sehen wir uns in die Augen.

»1400, 1400 Dollar ist das Gebot. Wer bietet mehr?«, schallt es unbarmherzig von vorne.

Wir halten Blickkontakt. Jetzt muss ich richtig ruhig bleiben. Ich versuche, so entschlossen wie möglich zu schauen. Zumindest so entschlossen, wie man bei der ersten Autoversteigerung seines Lebens sein kann.

Der Mann dreht sich um und sein Arm bleibt tatsächlich unten. »Das Auto geht für 1400 Dollar an den jungen Mann da oben.«

Oh mein Gott, denke ich mir. Ich habe es tatsächlich getan. Das Gebot ist bindend. Jetzt gibt es kein Zurück mehr!

Das war meine einzige Chance, und ich habe sie genutzt. Meine ersten beiden Tage in Neuseeland sind bereits für die Autosuche draufgegangen. Weder in den Hostels an den Aushängebrettern noch in der Zeitung kann ich kurzfristig ein gutes Angebot für ein Auto entdecken. In Aucklands lokalem Backpacker-Automarkt werde ich auch nicht fündig. Hammer Auctions am Stadtrand ist meine letzte Anlaufstelle. Eine lange Busfahrt bringt mich in die Ödnis von endlosen, kerzengeraden Straßen, gefüllt mit uninspirierten Betonneubauten. Von dort gehe ich zu Fuß durch Gewerbegebiete zum Auktionsgelände, wo hunderte Autos auf einem großen Parkplatz stehen.

Fast alle sind zu teuer für mein Budget. Dieser Markt richtet sich in erster Linie an die Einwohner Aucklands und nicht an klamme Backpacker. Nur drei Wagen kommen überhaupt für mich in Frage. Zwei davon sehen so alt und verrostet aus, dass ich nicht glaube, dass sie die nächsten Monate meines Backpacking-Trips überstehen werden. Also bleibt mir nur ein einziges Auto über: ein silberner Mitsubishi Galant. Er ist 18 Jahre alt, sieht aber sehr gepflegt aus. Keine Kratzer im funkelnden silbrigen Lack und die Bezüge sind wie neu. Er ist wenig gefahren. Ich darf eine Proberunde auf dem Parkplatz des Geländes drehen. Er springt sofort an. Das war ich von meinem Holden Commodore aus Australien nicht gewohnt. Der Mitsubishi fährt unkompliziert und macht mir ganz den Eindruck, als ob wir die nächsten Monate Freunde werden können. Den muss ich haben, denke ich mir. Also warte ich den Auktionsabend ab.

Und jetzt habe ich ihn tatsächlich erworben. Oder etwa doch nicht? Sekunden nachdem die Auktion beendet wurde und ich als Höchstbietender feststehe, kommt ein Mitarbeiter auf mich zugelaufen. Er erklärt mir, dass der Mindestverkaufspreis für diesen Wagen bei 1700 Dollar liege und dass ich ihn mit 1400 Dollar noch nicht gekauft hätte. Mit festem Blick schaut er mich an: »Für 100 Dollar mehr kannst du ihn sofort mitnehmen.«

Kaum dass sich mein Herzschlag etwas beruhigt hatte, fährt er wieder auf Maschinengewehrsalve hoch. Ich will dieses Auto unbedingt. Und nun versucht mich der Verkäufer offenbar in eine Falle zu locken.

Wir werden uns einig. 1450 Dollar lasse ich im Büro des Verkäufers, wo wir alle Formalitäten regeln. Zufrieden kämpfe ich mich per Bus durch die Vorstadt, bis ich wieder in Aucklands Zentrum bin. Alle meine Zimmergenossen im Schlafsaal freuen sich für mich und ich kann beginnen, nach Mitreisenden zu suchen. Am nächsten Tag hole ich den

Wagen ab. Er ist fertig zugelassen. Jetzt heißt es wieder: Home is where I park.

Auf meine Anzeigen hat sich leider niemand für eine längere Tour gemeldet. Zwei Jungs aus meinem Schlafsaal nehme ich ein kurzes Stück in Richtung Norden mit. Weg vom Verkehr und Lärm Aucklands, raus in die Natur. Dort passieren wir grüne Wiesen mit Schafen, die uns neugierig anblicken. Wir sehen Hügel und Wälder und finden einsame Buchten, gehen im Meer schwimmen und schütteln den Staub der Großstadt ab.

Abends bauen wir unsere Zelte im Wald auf und werden dabei von der Polizei bemerkt. Freundlich weisen sie uns darauf hin, dass Feuer machen verboten ist. Irritiert frage ich: »Aber ist es okay, dass wir hier im Wald zelten?« Lächelnd nicken sie: »Das ist in Neuseeland kein Problem. Genießt eure Nacht.« Ich würde gerne mal Polizisten in Deutschland so entspannt erleben.

Am nächsten Morgen verabschiede ich meine beiden Mitfahrer in einem Ort mit dem seltsamen Namen Keri Keri. Alleine fahre ich weiter an die goldenen Strände und zum klaren Wasser der Bay of Islands, wo mir der Wind bei einem Segeltörn um die Ohren weht und ich große Rochen beim Schnorcheln entdecke.

Auf der Coromandel-Halbinsel erreiche ich den Kauranga Forest, wo ich meine erste mehrtägige Wanderung alleine

Frisch ersteigert: Dieser Mitsubishi Galant wird mich durch Neuseeland begleiten.

machen möchte. Darauf brenne ich sehr, seitdem Jannis und ich uns in Perth Lebewohl gesagt haben. Ich strotze vor Kraft, Selbstbewusstsein und vielleicht auch schon Arroganz. Erst mittags laufe ich los und nehme die Entfernungsangaben der Streckenbeschreibung nicht ganz ernst. Ich habe in Australien schon ganz andere Wanderungen mitgemacht, denke ich mir hochmütig. Die Tour startet spektakulär: Ich passiere einen glasklaren Gebirgsfluss über eine wacklige Hängebrücke. Dabei fühle ich mich wie Indiana Jones. So geht die Wanderung auch weiter. Der Trek führt durch dichten Wald, Riesenfarne säumen meinen Weg. Ich kraxele über umgefallene Bäume und probiere, wie hoch ich an einer Liane klettern kann.

Die Ureinwohner Neuseelands, die Maori, nennen ihr Land Aotearoa, was auf Deutsch das Land der großen weißen Wolke heißt. Diese Wolke begleitet mich schon seit meiner Ankunft am Flughafen und schüttet jetzt ihre Wassermassen über dem Wald aus. Ich wandere durch den kalten Regen. Nach zwei Stunden erreiche ich eine Gabelung und merke, dass ich keine Chance mehr habe, mein heutiges Ziel noch bei Tageslicht zu erreichen. Also ändere ich notgedrungen meine Pläne und schlage den Matschpfad zum Mossman

Creek ein. Dort befindet sich ein Lagerplatz in nur einer Stunde Entfernung. Der Weg ist ein einziger Sumpf. Manchmal bleibe ich im tiefen Morast stecken, manchmal springe ich von Wurzel zu Wurzel. Als ich über Felsen klettere, rutsche ich aus, versuche das Gleichgewicht zu halten, doch mein kiloschwerer Rucksack zieht mich erbarmungslos nach unten. Glücklicherweise bleibe ich unverletzt. Es würde auch so bald kein anderer Wanderer mehr kommen und mir helfen.

Schließlich erreiche ich den Lagerplatz auf dem Gipfel eines kleinen Hügels, der mir an einem anderen Tag vermutlich eine tolle Aussicht über den Wald und den Bachlauf geboten hätte. Jetzt ist nur Grau um mich herum. Ich bin der einzige hier oben, kein Wunder bei dem Wetter.

Ich weiß nicht genau, wie spät es ist. Die Wolken sind so dicht und dunkel, dass ich den Sonnenstand nicht ablesen kann. Meine Kleidung ist klamm, ich bin ausgekühlt. Ich baue mein Zelt im Regen auf, klettere in mein kleines Vorzelt, ziehe mich aus und trockne mich ab. Dann schlüpfe ich in meinen Schlafsack und bleibe dort, bis ich nicht mehr friere. Ein paar Minuten lang fühle ich mich schlecht. Dann richte ich meinen Blick nach vorne. Ich zelte alleine auf einer kleinen Lichtung mitten im neuseeländischen Nirgendwo. Genau das wollte ich doch erleben? Eine Reisegeschichte zum Erzählen. Oder geht mir das doch zu weit?

In meinem kleinen Vorzelt koche ich mir auf meinem Gaskocher noch eine kleine Mahlzeit, bevor ich in meinem Schlafsack wegdämmere. Die einzigen Geräusche sind das Singen der Vögel und das Prasseln des Regens.

In der Nacht wache ich auf, weil mich ein komisches Geräusch weckt. Irgendetwas schlägt gegen mein Zelt. Ich nehme Taschenlampe, Messer und meinen Mut zusammen und trete aus dem Zelt in den Regen. Nichts und niemand ist zu sehen. Der Wind hat so sehr an meinem Zelt gerüttelt und gezogen, dass sich ein Hering gelöst hat und die Zeltplane gegen das Innenzelt schlägt. Alleine in der Wildnis zelten kann wirklich unheimlich sein.

Ohne zu wissen, wie lange ich geschlafen habe, stehe ich irgendwann auf. Im Grau des Regens ist immer noch keine Tageszeit erkennbar. Ich beschließe zurückzugehen, da mir mein Abenteuer doch nicht so viel Spaß macht, wie ich gerne vor anderen behaupten würde.

Der Rückweg ist das Schwierigste. Nach den anhaltenden Regenfällen hat sich der Wald in eine Matschbahn verwandelt. Ich rutsche aus, falle hin und schlittere den Hang hinunter. Der Weg war schon gestern kaum erkennbar und heute verlaufe ich mich. Ich suche. Ich rufe. Ich kriege Panik. Irgendwann finde ich die spärlich gesetzten Wegmarkierungen wieder. Am späten Nachmittag erreiche ich mein Auto. Zeitgleich bricht die Sonne durch. Ist das Neuseelands Art, mich willkommen zu heißen?

Am nächsten Tag möchte ich mich für die Strapazen belohnen. Ich erreiche den Hot Water Beach. Vulkanische Aktivitäten im Erdreich unterhalb des Strands erhitzen das Wasser auf 60 Grad. Wenn Ebbe ist, legt das Meer eine große Strandfläche frei. Dann kommen viele Reisende, alle ausgerüstet mit Schaufeln, Eimern und guter Laune. Mit kindlicher Freude buddeln hier alle zusammen kleine Becken in den Sand. Diese füllen sich von selbst mit dem heißen Wasser und wir liegen in unseren eigenen Hot Pools mit Blick aufs Meer.

Überhaupt ist die Mitte der Nordinsel Vulkangebiet. Um die Stadt Rotorua herum dampft der Boden. Faulige Schwefelgase treten aus Erdritzen und Gullydeckeln heraus. In Wasserbecken brodelt siedendheißes Wasser. Vulkanische Mineralien zaubern wunderschöne Farbenspiele in die kochenden Seen.

Die Betreiber des Waiotapu Thermal Wonderland haben sich einen ganz besonderen Trick einfallen lassen, um ihrem Namen alle Ehre zu machen. Jeden Morgen um neun Uhr versammelt sich eine Besuchermenge auf der Tribüne vor der Hauptattraktion des Wunderlands, dem Lady-Knox-Geysir. Ein Mitarbeiter streut Waschpulver in den Boden und erklärt: »Unser Geysir bricht in unregelmäßigen Abständen aus. Um Ihnen das Erlebnis pünktlich zu präsentieren, schütte ich Waschpulver hinein. Das löst die Oberflächenspannung.« Dann rückt er ein paar Schritte zur Seite und schon passiert es. Der gezähmte Geysir spritzt meterhoch kochendheißes Wasser durch die Luft. Tosender Applaus.

Obwohl meine erste Wanderung in Neuseeland mehr Kampf als Genuss war, hat sie mich dennoch motiviert. Ich habe mir überlegt, keine abgelegenen Wanderungen mehr zu machen, sondern mich auf die »Great Treks« Neuseelands zu konzentrieren. Auf den berühmtesten Wanderungen des Landes treffe ich bestimmt noch andere Wanderer und wir können vielleicht einen lustigen Abend auf einer Hütte verbringen.

Meine erste führt mich in den Osten der Nordinsel zum Lake Waikaremoana. Eingeschlossen in eine bewaldete Bergkette liegt ein imposanter tiefblauer See vor mir. Der ausgewiesene Wanderweg führt einmal herum. Als ich um drei Uhr loslaufe, scheint die Sonne.

Gerade einmal eine Viertelstunde später werde ich an den Maori-Namen der Insel erinnert. Ein Gewitter zieht auf und ich erlebe ein Déjà-vu. Wieder verfluche ich heimlich,

An den heißen Schwefelquellen von Rotorua.

überhaupt losgelaufen zu sein. Wieder dämmert es und meine Sorge wächst, die schützende Hütte nicht mehr vor Einbruch der Nacht zu erreichen. Die ganze Zeit wünsche ich mir, dass ich den Abend nicht alleine verbringen muss wie am Mossman Creek. In meiner Einsamkeit fantasiere ich von ein paar netten Mädels, die mir etwas Heißes zu trinken anbieten, von Gelächter, Wärme und Geselligkeit.

Plötzlich ist es dann soweit: Im Nebel erkenne ich den Lichtschein eines kleinen Blockhauses. Als ich die Tür öffne, fällt mir ein Stein vom Herzen: Es ist warm und trocken und einige andere Wanderer sind auch da. Triefend nass gebe ich wohl einen mitleiderregenden Anblick ab. Tatsächlich dauert es keine Minute, bis mich eine junge Schottin anspricht und mir einen Tee anbietet. Mein Tag ist gerettet!

Am Morgen danach scheint die Sonne und die Wanderung wird ein Genuss. Obwohl alle, die in der Hütte übernachtet haben, sich eigenständig auf den Weg machen, treffe ich unterwegs viele von ihnen wieder und wir laufen gemeinsam.

Ich merke, wie in mir das Bedürfnis nach netten Reisegefährten größer wird. Bisher habe ich es in Neuseeland noch nicht geschafft, Mitreisende für einen längeren Zeit-

Die zerklüftete Küste in der tief eingeschnittenen Bay of Islands. Die Bucht liegt ganz im Norden der Nordinsel und ist ein beliebtes Urlaubsziel.

raum zu finden. Schade, wenn ich bedenke, dass ich an den vielen schönen Stopps tolle Menschen kennenlerne. In Australien war die Backpacker-Szene einfach sehr viel größer. Hier scheinen alle mit dem Überlandbus zu fahren und in den Hauptorten in den Hostels zu bleiben. Abseits der Route ein paar Abenteuer mit mir zu erleben, passt niemandem in den Reiseplan.

Nun steht auch noch Weihnachten vor der Tür und ich sehne mich nach netter Gesellschaft. Ich möchte nicht wieder alleine in meinem Auto schlafen. Deswegen buche ich mich in Napier in ein Hostel mit einem gemütlichen Aufenthaltsraum ein. So sitze ich Heiligabend mit vielen jungen Leuten zusammen. Offenbar bin ich jedoch der einzige, der vom heutigen Tag etwas erwartet. Der überwiegende Teil der Gäste kommt aus Großbritannien und Australien. In der angelsächsischen Kultur spielt der 24.12. überhaupt keine große Rolle. Ein Backpacker erklärt mir das so: »In England ist Heiligabend der Abend, an dem wir uns betrinken, vor dem Tag, an dem wir die Geschenke auspacken und uns so richtig betrinken, vor dem Tag, an dem wir unseren Rausch ausschlafen.«

Etwas enttäuscht bin ich schon. Aber auf meiner Reise möchte ich natürlich auch die einheimischen Sitten und Gebräuche leben. Am ersten Weihnachtstag geben sich die Hostelbetreiber wirklich Mühe und organisieren ein Buffet, zu dem jeder Gast etwas mitbringt. Jetzt kommt hier am anderen Ende der Welt doch ein bisschen Weihnachtsgefühl auf. Wir feiern zusammen und verbringen den Tag im T-Shirt am Strand.

Mit der Autofähre erreiche ich die Südinsel. Dort wandere ich entlang der herrlichen Buchten des Queen Charlotte Treks – erstmals ohne Regen. Später melden sich endlich auf meine Inserate hin zwei Reisegefährten, die mit mir über die Südinsel fahren wollen. Alles soll nun besser werden: Wetter und Reisebegleitung. Luke, ein zwanzigjähriger Engländer, und Lara, eine Deutsche in ihren Vierzigern, sind schon zusammen durch Australien und über die Nordinsel gereist. Ein Paar sind sie aber nicht.

Für unseren gemeinsamen Start haben wir die gleiche Idee: Wir wollen mit Seekajaks drei Tage lang entlang der goldgelben Strände die Inselwelt des Abel-Tasman-Nationalparks erkunden. Dazu leihen wir uns zwei Boote und nach einer kurzen Einführung genießen wir die Wellen. Wir finden eine Kolonie Seelöwen auf Tonga Island und sehen sie durchs Wasser ziehen. In kleinen bewaldeten Buchten machen wir Pausen und schwimmen im grünen Wasser. Wir zelten auf den Lagerplätzen und feiern die Sonnenuntergänge mit anderen Kanuten. Es ist schön, hier wieder so viele Menschen aus aller Welt zu treffen, denn der Abel Tasman ist auch ein Great Trek. Auch das Wetter hält. Als wir schließlich die Seekajaks zurückgeben, bin ich sehr zufrieden. Diese Kajaktour wollte ich unbedingt machen, aber keinesfalls alleine, und für eine geführte Gruppentour teuer bezahlen wollte ich auch nicht. Da kamen Lara und Luke genau richtig.

Es dauert aber nicht lange, bis wieder dunkle Wolken aufziehen. Zum einen, weil es tatsächlich nach Abgabe der Kajaks schon wieder anfängt zu regnen. Und zum anderen, weil ich feststellen muss, dass unsere Vorstellungen von einem gelungenen Reiseleben doch stärker auseinander-

Die Seekajaktour im Abel-Tasman-Nationalpark war eines der größten Abenteuer meiner Reise durch Neuseeland.

klaffen als gedacht. Ich möchte weiter ziehen, wandern gehen und die spannenden Orte an der Westküste erleben. Lara und Luke haben andere Ideen.

Nach unserer Kanuwanderung sprechen sie im nächsten Supermarkt eine alternativ aussehende Familie an, ob sie etwas zu rauchen hätten. Diese lädt uns spontan zur Über-

nachtung in ihren Kommunen-Garten ein. Eine kurze Fahrt später stehen wir alle in einem blühenden Paradies. Fröhliche Menschen begrüßen uns und heißen uns in ihrem Reich willkommen. Dass ihre freudige Stimmung nicht ausschließlich durch unsere Ankunft ausgelöst wird, ist mir sofort klar. Eine ältere Frau mit langem weißen Haar hat ihr Stück Land in diese Kommune verwandelt. Sie verschwindet hinter ihrer Gartenhütte. Triumphierend kommt sie mit einer Handvoll Marihuana wieder. »Jeder Neuseeländer hat eine kleine Cannabispflanze irgendwo im Garten versteckt!«, rechtfertigt sie sich.

Dass es sich hier um eine einzelne Pflanze handelt, bezweifele ich. Ganz enthusiastisch erklärt uns unsere Gastgeberin, dass sie bei Joints auf den Tabak verzichtet. Der enthalte ja so viele Giftstoffe, deswegen rauche sie Cannabis nur pur. Schon geht die Tüte rum.

Vielleicht werden meine Reisegefährten umgänglicher, wenn sie stoned sind, überlege ich. Leider nerven mich Luke und Lara den Rest des Abends nur noch mehr. Am nächsten Vormittag haben sie für meine Begriffe wirklich genug geraucht und ich dränge zum Aufbruch. Zum Abschied schenkt ihnen die Hausbesitzerin genug Cannabis für den Rest ihrer Neuseelandreise. Ich habe Sorge, dass die Menge so groß ist, dass auch ich bei einer Polizeikontrolle ernsthaft ein Problem kriegen könnte.

Endlich fahren wir weiter entlang der atemberaubenden Küste. Dichter Regenwald und Wasserfälle locken uns auf der linken Seite und bizarre Felsformationen am Strand auf der rechten. Ich weiß gar nicht, wo ich zuerst hingucken soll. Wir zelten wild am Strand. Ein gewaltiges Gewitter erhellt die Nacht. Lukes Zelt wird vom Wind zerrissen und ich traue meinem auch nicht so recht. So schlafen wir zu dritt in meinem kleinen Auto: Luke zusammengerollt auf der Rückbank, Lara und ich auf den Vordersitzen.

Am nächsten Morgen haben wir alle drei genug voneinander. Ich setze meine dauerbekifften Mitfahrer in Greymouth ab. Luke nimmt den Bus nach Christchurch und Lara folgt ihm entgegen ihrer ursprünglichen Pläne. Trotzdem teilen sie ihren Cannabisschatz schon einmal auf.

Auf Regen folgt Sonnenschein und so gehe ich erst einmal wandern. Aber nicht wieder alleine: Ich nehme an einer geführten Gletscherwanderung auf dem Franz-Josef-Gletscher teil. Dieser schiebt gewaltige Eismassen aus den neuseeländischen Alpen zum Meer. Für so eine Wanderung brauche ich einen erfahrenen Führer und Ausrüstung. Wir sind eine kleine Gruppe und folgen unserem Guide über eine graue Geröllhalde zu dem gewaltigen Gletscher. Über unsere Wanderschuhe ziehen wir Steigeisen. Eine Eisaxt wird uns Halt an steilen Stellen geben. Der Einstieg beginnt leicht, hier haben Helfer Stufen ins Eis geschlagen. Wir betreten den rutschigen Untergrund und gewöhnen uns an den sicheren Tritt durch die Dornen an unseren Schuhen. So passieren wir Eisfelder und tiefe Risse, aus denen es ohne Hilfe kein Entrinnen gäbe.

Expeditionsgruppen bilden stets Seilschaften auf unbekannten Eisfeldern. Fällt einer in eine Spalte, so können ihn die anderen wieder herausziehen. Für unsere kleine Tour ist das nicht nötig, aber ganz ohne ist auch unsere Runde nicht. Der Guide erklärt uns, dass sich der Gletscher täglich ändert. Nie befindet sich der Pfad am nächsten Tag

Blühende Bergwiesen vor den beeindruckenden Gletschern des Mount-Aspiring-Nationalparks.

Mit einem kundigen Führer wage ich mich auf den Franz-Josef-Gletscher und erkunde eine Eishöhle..

im selben Zustand. Alles ist in Bewegung. Der Gletscher wandert und bringt immer neues Eis aus den Bergen herunter – Gestein und Geröll inklusive. Wir formen mit den Äxten Tritte an schwierigen Stellen. An steilen Anstiegen rammen wir die Eisaxt in den Untergrund und ziehen uns hoch. Wir erkunden eine kleine Höhle, die die Gletscherbewegung freigelegt hat. Innen schimmert es intensiv blau. Überall um uns herum befinden sich Eismassen, gerahmt von schroffen Felswänden, an denen Wasserfälle herunterstürzen.

Vor bizarren meterhohen Eisgebilden machen wir kehrt. Hier gehen nur die Expeditionsgruppen weiter. Solch ein Erlebnis hätte ich mir auch gerne gegönnt, aber die große Tour passte nicht in mein Budget.

Auf dem Rückweg zum Parkplatz weisen Markierungen auf den Klimawandel hin. Der Gletscher wird immer kleiner und kürzer. Er schmilzt förmlich weg. An der Stelle, wo mein Wagen parkt, war vor gut hundert Jahren noch ein Eispanzer – und mein Wagen steht einen langen Marsch weg vom vermeintlich ewigen Eis.

Im Mount-Aspiring-Nationalpark mache ich eine wunderschöne Wanderung entlang des eiskalten Schmelzflusses. Ich passiere grüne Bergwiesen voll blühender Wildblumen. An einem Aussichtspunkt treffe ich ein deutsches

In dieser Landschaft aus Schnee und Eis wirken Menschen wie Ameisen.

Paar, das die sonnige Wanderung genauso genießt wie ich. Sie machen ein kleines Picknick auf einer Bank. Ich bitte den Mann, ein Foto von mir vor der Bergkulisse zu schießen. Dafür legt er sein Wurstbrot beiseite und richtet meine Kamera auf mich. In diesem Moment stürzt ein Kea, ein neuseeländischer Papagei, herab und klaut das Brot mitsamt Beutel im Flug. Auf einem Ast untersucht das Tier geschickt seinen Fang und lässt seinen namensgebenden Ruf ertönen. Es klingt, als wolle er uns verhöhnen. Lachend teile ich meine Vorräte mit dem beraubten Paar. Andere Touristen haben weniger Glück. Die Vögel zerbeißen wohl liebend gerne Scheibenwischer und Dichtungsgummis. Deshalb sind sie auf den Parkplätzen in den Nationalparks nicht gerne gesehen.

In Neuseelands berauschendem Fjordland wandere ich den nächsten Great Walk, den Kepler Track. Dieser führt drei Tage lang über die zerklüfteten Bergketten nahe der Pazifikküste. Mal geht es durch schützende Wälder und mal weit über die Baumgrenze hinaus. Die Wolken ziehen schnell über mir. Ein Sturm bringt kurzes Schneetreiben. Dann folgt wieder Sonnenschein. Immer wieder gibt der Weg spektakuläre Aussichten preis: Die Seenlandschaft funkelt verlockend tief unten, Geröll- und Schneefelder säumen hoch oben meinen Weg. Dann folge ich dem Weg wieder bergab Richtung Hütte und freue mich über weniger

Auf einer Wanderung durch Neuseelands alte Wälder.

Wind und wärmere Temperaturen. Ich tauche in einen alten Wald ein. Hier stehen wieder die majestätischen Baumfarne zwischen uralten knorrigen Baumriesen.

Bei ihrem Anblick kommt mir in den Sinn, wovon mir die Leute in der Kommune vorgeschwärmt haben: »Wenn du so einen alten Baum umarmst, teilt er seine Energie mit dir.« Dort habe ich das als Esoterik abgetan. Aber ich probiere gerne Dinge aus. Und meine Kräfte schwinden immer mehr vom ständigen Hoch und Runter der Wanderung. Also ist jetzt der Zeitpunkt gekommen. Ich vergewissere mich, dass mich wirklich niemand dabei beobachtet. Dann suche ich mir den größten Baum, den ich sehen kann. Ein letztes Mal zögere ich. Ist dieser wohl energiegeladen genug? Wie umarme ich so ein Riesenteil überhaupt? Tue ich das jetzt wirklich? Noch kann ich einfach weitergehen!

Dann mache ich es einfach. Ich breite meine Arme aus und berühre den gewaltigen Stamm. Ich warte. Ich spüre. Ich drücke mich fester an die Rinde. Ich spüre wieder.

Nichts. Gar nichts. Nicht mal ein Funken Energie springt über. Ich drücke noch fester zu und versuche, mich in die Energiebahnen einzufühlen. Alles, was ich spüre, ist die kratzige Rinde in meinem Gesicht.

Wenigstens hat mich keiner gesehen.

Esoterik ist wirklich nichts für mich. Mein letzter Müsliriegel leistet mir bessere Dienste. Er gibt mir seine ganze Energie auch ohne Umarmung, sodass ich es locker zur Hütte schaffe.

Was ich gelernt habe:

› Eine Auto-Auktion ist Adrenalin pur.

› Auch Abenteuer haben ihre Grenzen für mich.

› Um noch einmal Bäume zu umarmen, müsste ich mit Kiffen anfangen.

9

Traumberuf Schäfer

Die eigene Berufung finden

»Das macht der ja wohl jetzt nicht wirklich«, denke ich überrascht. Paddy öffnet die Wagentür. Das Schaf rennt in vollem Lauf direkt neben dem fahrenden Pick-up her. Der alte Mann hält mit einer Hand das Lenkrad und lehnt sich mit seinem Oberkörper halb aus dem Auto heraus. Er fixiert das Schaf ganz genau. Dann springt er. Er reißt das Tier von den Beinen und bedeckt es mit seinem Oberkörper. Hastig rutsche ich auf den Fahrersitz, stoppe den Wagen und eile ihm zu Hilfe.

Zusammen verfrachten wir das Schaf auf die Ladefläche des Pick-ups, wo ein Käfig aus schwerem Metall montiert ist. »Da gab's wohl keine Gegenwehr, was?«, sagt Paddy triumphierend. So, als wenn der Alte dem Jungen etwas beweisen wollte. Er holt das mobile Schergerät und wir rasieren die von den Würmern befallene Hautstelle frei. Das Schaf hält nun ganz still. Wir spritzen eine stinkende Flüssigkeit auf das Tier. Sekunden später lösen sich ein paar Würmer aus dem Fleisch, fallen zu Boden und kriechen davon.

Paddy ist Schaffarmer aus Leidenschaft. Für ihn gibt es keinen tolleren Beruf, als mit Schafen zu arbeiten. Er ist Ende 50, ein Bär von einem Mann, hört am liebsten Country-Musik speziell von Johnny Cash und hat einen derben Humor. Paddy passt wirklich in jedes Bauernklischee, das ich kenne.

Schon an meinem ersten Nachmittag auf der Farm zeigt er sich mir von seiner typischen Seite. Er hält mir ein blutiges Schafbein unter die Nase und sagt: »Hey, es ist Teezeit.« Dabei sieht er mich erwartungsvoll an. »Ich würde doch ein paar Kekse bevorzugen«, gebe ich zurück, und Paddy bricht in schallendes Gelächter aus. »Das ist für die Hunde«, entgegnet er mir und wirft es Tab und Bliss hin. Die beiden freuen sich über ihren Snack zum Nachmittags-Tee. Für uns gibt es zum Glück Donuts.

Paddy lebt schon seit seiner Kindheit auf der Farm. Er hat sie von seinem Vater geerbt. Nur in seinen frühen Erwachsenenjahren ist er zum Lernen auf einen anderen Hof gezogen. Dort hat er auf dem Pferderücken Rinder zusammengetrieben. Wenig später ist er zurückgekehrt und hat zusammen mit seinem Vater die Schaffarm bewirtschaftet. Mittlerweile führt er sie mit seiner Frau Robyn. Er lebt mit ihr und seinen beiden erwachsenen Töchtern im Farmhaus.

Auch die Farm erfüllt Klischees, nämlich die von Neuseeland: sanft geschwungenes Hügelland, alles strahlt grün und natürlich gibt es jede Menge Schafe. Ich bin durch einen Aushang im Hostel in Te Anau auf die Familie aufmerksam geworden. Paddy suchte einen Hilfsarbeiter. Nach der Wanderung auf dem Kepler Track fahre ich zu ihm. Im Gegenzug für meine Arbeit wohne ich in einem Wohnwagen auf dem Grundstück der Familie und bekomme freie Mahlzeiten.

Die Familie ist unheimlich herzlich. Robyn bringt täglich hausgemachtes Essen auf den Tisch. Auch während der Arbeit kommt sie immer wieder vorbei und bringt heißen Kaffee und kleine Snacks. Nachdem ich in Australien schon auf Tomatenfeldern gearbeitet habe, auf einer Avocadofarm gelandet bin und im australischen Outback Rinder zusammengetrieben habe, ist dies also meine vierte Stelle in der Landwirtschaft. Von Natur aus habe ich so gar keinen Hang dazu, aber meine Neugier treibt mich immer wieder dorthin. Vielleicht gibt es auch ein unterbewusstes Verlangen, mehr über dieses Leben herauszufinden? Meine Vorfahren lebten und arbeiteten alle auf Höfen.

Die Tätigkeiten auf Paddys Schaffarm sind abwechslungsreich. Oft fahren wir mit dem Pick-up auf eine der vielen Schafweiden. Jeweils so um die 1000 Schafe bilden eine Herde, durch Zäune von den nächsten 1000 getrennt. Ist das Gras in einem Areal abgefressen, müssen wir die Herde ins nächste treiben, wo es frisches Futter gibt. Paddy stellt sich neben das Tor am Übergang zur nächsten Weide und öffnet es. Dann mache ich mit einer Rassel viel Lärm und schreie dazu. Gleichzeitig geben wir den beiden Hunden Anweisung, wo und wie sie zur Herde laufen sollen. Die Hunde sind gut ausgebildet und wissen, wo sie antreiben müssen. Schafe sind Herdentiere. Setzen sich die ersten paar Tiere in Bewegung, fängt der Boden an zu donnern und die anderen 1000 laufen hinterher. Der Trick ist nur, die ersten Tiere in die richtige Richtung laufen zu lassen. Machen die vorderen Schafe einen Bogen in die falsche Richtung, laufe ich schnell zu ihnen und versuche die Hunde mit Kommandos so anzuweisen, dass wir sie wieder zum offenen Gattertor treiben. Sind die ersten Schafe im nächsten Areal, folgen alle anderen. Dabei beobachten wir genau, ob Tiere krank sind und vielleicht eine Wurmkur brauchen. Zur Not auch aus dem fahrenden Auto heraus.

Jeden Tag um 7 Uhr gibt es Frühstück. Danach gehen wir raus auf die Wiesen und treiben Schafe in neue Areale. Nach dem Morgen-Tee kommen wir meist mit einer Herde zum Stall. Dort separieren wir die Tiere. Kleine Gruppen von jeweils fünf bis zehn Tieren treiben wir in die Halle, die sich an das Gatter anschließt. Dort tun wir, was immer gerade nötig ist. Manchen Tieren muss noch der Schwanz kupiert werden, andere werden geschoren. Wieder andere benötigen eine Wurmbehandlung oder bekommen eine Markierung aufs Fell gesprüht. Immer geht die Arbeit zu zweit viel leichter von der Hand, weil wir die Tiere mit den Hunden einfacher in Bewegung setzen und die Richtung besser bestimmen können.

Ich finde all das am ersten Tag wirklich aufregend. Am zweiten Tag auch noch und am fünften Tag immer noch. Aber am siebten Tag frage ich mich: Was wäre, wenn ich diesen Beruf mein ganzes Leben lang ausüben müsste? Würde ich mich jeden Tag aufraffen können, zur Arbeit zu gehen? Könnte ich jeden Tag mit einem Lachen beginnen?

Schafweiden, so weit das Auge reicht.

Der Tag, nach dem Paddy vorschnell einen Teil seiner Tiere verkauft hat.

Ich beginne zu grübeln. Wie schafft man es, am Beginn seines Erwachsenenlebens einen Beruf zu wählen, den man auch in 20 Jahren noch interessant findet?

Paddy hat seine Berufswahl ja scheinbar in die Wiege gelegt bekommen. Er hat den Job, den er liebt und lebt, von seinem Vater übernommen. Enthusiastisch und freudestrahlend geht er jeden Tag an seine Arbeit.

Seine beiden erwachsenen Töchter wollen mit Schafen allerdings nichts zu tun haben. Sie haben den Job im Grunde genau wie er auch in die Wiege gelegt bekommen. Allerdings studieren sie in Dunedin und haben völlig andere Pläne. Vielmehr lehnen sie es sogar ab, in den Stall zu gehen. Er aber liebt diesen Beruf mit Ende 50 immer noch. Wie hat er es geschafft, seine Freude auch nach so vielen Berufsjahren zu erhalten?

Ich bin mir sicher, Paddy hat Freude an der Tätigkeit selbst. Er sieht immer die Vorteile seines Lebens. Aber er akzeptiert auch die Schwierigkeiten als Teil des Ganzen. Zum Beispiel macht er sich große Sorgen um die Trockenheit auf seinen Wiesen. Er befürchtet, dass die Schafe nicht genug zu fressen finden. Nachdem es eine ganze Zeit lang nicht geregnet hat, beschließt Paddy, einen Teil seiner Schafe an eine andere Farm zu verkaufen, wo es wohl noch wesentlich mehr zu grasen gibt. Die Ironie dieser Aktion: Nachdem ein großer Viehtransporter gekommen ist und über 1000 Schafe mitgenommen hat, wechselt wie so oft in Neuseeland plötzlich und unvorhergesehen das Wetter. Am nächsten Tag ziehen schwere Regenwolken über die Farm. Es gießt wie aus Eimern. Sintflutartige Regenfälle stürzen über die Weiden herab und sorgen für genug Grün und frisches Gras. Paddy hätte also seine Schafe problemlos behalten können. Natürlich ist er betrübt darüber. Durch den frühzeitigen Verkauf hat er einen Verlust von rund 7000 Dollar gemacht. Aber es dauert nur einen halben Tag, bis er seine gute Laune wiedergefunden hat. Auch in dieser Aktion sieht er direkt das Gute. Durch die verringerte Schafzahl hat er im nächsten Jahr mehr Platz und kann mehr Lämmer aufziehen. Das wird wahrscheinlich einen guten Teil seines Verlustes ausgleichen können.

Ich denke, in jedem Beruf gibt es Schwierigkeiten und Unwägbarkeiten. Die Frage ist doch die innere Haltung, mit der wir ihnen gegenüberstehen. Für die meisten Probleme lassen sich Lösungen finden.

Ein anderer Grund für Paddys Freude ist seine Selbstständigkeit. Alles, was er tut, alles, was er an Anstrengungen in seinen Beruf investiert, tut er letzten Endes für sich. Er ist sein eigener Boss. Am Ende des Tages muss er seinen Ertrag nicht an jemand anderen abliefern. Das führt zu einer hohen Selbstwirksamkeit, sorgt aber natürlich auch für ein hohes Risiko, wie der Notverkauf der Schafe gezeigt hat.

Ich kenne Menschen in ihren Mittfünfzigern, die sagen: »Die letzten zehn Jahre bis zur Rente kriege ich auch noch rum.« Unfassbar. Warum sollte ich zehn Jahre meiner kostbaren Lebenszeit rumkriegen wollen, anstatt sie zu genießen oder zumindest zu mögen? Wenn das in meinem aktuellen Job nicht geht, dann sollte ich mich schleunigst nach einem anderen umsehen. Auch dann, wenn die Verpflichtungen drücken. Ansonsten stehe ich meinem Lebensglück selber im Wege.

Das gilt aber auch für die kleinen Befindlichkeiten. Hat sich nicht schon jeder mal montags morgens gedacht: »Wann ist endlich Freitag?« Aber was bedeutet das? Dass ich die nächsten fünf Tage als verschwendete Zeit ansehe, nur weil es Werktage sind? Es geht doch darum, jeden Moment als wertvoll wahrzunehmen. Dazu gehört es auch, zu akzeptieren, dass ungeliebte Tätigkeiten wie Schriftkram, Dokumentationen und nervige Mitmenschen unter Kunden, Mitarbeitern oder Vorgesetzten dazugehören können. Also: Hören wir auf, auf Freitag zu warten!

Ich persönlich finde, dass die Würze im Beruf die Arbeit mit Menschen ist. Das fehlt auf der Schaffarm leider gänzlich. Allerdings gibt es vielleicht auch Menschen, die besser mit Schafen zurechtkommen als mit Menschen. In der Nordsee gibt es Arbeitsstellen auf unbewohnten Inseln. Hauptaufgabe ist es dort, das ganze Jahr über die Vogelpopulationen zu zählen. Ich vermute, diesen Leuten gefällt ein Leben ohne Sozialkontakte.

Daher sind wahrscheinlich die Ursachen für eine lange Zufriedenheit im Beruf ganz unterschiedlich. Ich persönlich denke, dass es in jedem Fall wichtig ist, Stressoren im Beruf zu reduzieren. Zu den direkten Ursachen für Stress gehört zum Beispiel langes Pendeln zur Arbeit. Paddy muss glücklicherweise nur vor seine Haustür gehen und steht auf wunderbar grünen Weiden, anstatt auf der A40 im Berufsverkehr. Auch Versagensängste und Leistungsdruck scheinen kein Thema für ihn zu sein. Er lässt sich nicht hetzen und macht sich keinen Stress. Wir haben auf den Weiden immer Zeit für einen Morgen-Tee, den seine Frau zum Stall bringt, egal wie viele Schafe gerade blöken und unruhig sind. Erst danach geht es mit der Arbeit weiter.

Nur im Schutz ihrer Herde fühlen sich Schafe wirklich sicher.

Wichtig ist auch ein gesunder Umgang mit eigenen Fehlern. Wer Rückschläge akzeptieren kann und sich vom Druck der Perfektion befreit, ist klar im Vorteil. Leben bedeutet nun einmal lebenslanges Lernen.

Mir passiert an meinem zweiten Tag auf Paddys Farm ein schlimmer Fehler. Zu diesem Zeitpunkt weiß ich noch nicht, dass der Herdentrieb der Schafe so ausgeprägt ist. Und ich weiß auch nicht, dass die Hütehunde so einen dominanten Jagdtrieb besitzen. Beides zusammen kann sehr nützlich sein, wenn es darum geht, eine tausendköpfige Schafherde anzutreiben. Es kann aber auch eine verheerende Wirkung entfalten, wenn es nur um ein einziges Schaf geht.

Im Stall ist es meine Aufgabe, die Kleingruppen von Schafen immer von einem Stallblock zum nächsten zu treiben. Alle Schafe sind schon verschwunden, alle bis auf eins. Leider ist ein Schaf keine Herde. Das plötzliche Alleinsein löst in dem Schaf wohl etwas Schwerwiegendes aus. Ich befehle einem der Hunde, das Schaf weiter ins nächste Areal zu treiben. Aus irgendeinem Grund fängt der Hund an, wie wild zu kläffen und zu springen. Dann rennt er in vollem Tempo auf das verängstigte Tier zu, als wenn er es reißen will. Das Schaf bekommt Angst. Es sieht sich nach allen Seiten um, aber es gibt keinen Fluchtweg. Um es herum sind nur die schweren Eisenstangen der Gatter. Das Schaf dreht sich zu allen Seiten, während der Hund heranprescht. Es nimmt Anlauf und versucht mit aller Macht, über die Stangen zu springen. Leider reicht seine Kraft nicht und es springt anstatt in die Freiheit mit dem Kopf gegen die Stangen. Kurz darauf stirbt es.

Paddy ist außer sich vor Wut, als ich ihn rufe. Aber am Ende des Tages trübt auch der Verlust eines Tieres nicht seine Zufriedenheit und gute Laune. Mit tausenden Schafen zu arbeiten – was für mich kurzzeitig eine spannende Erfahrung ist, bleibt für Paddy dauerhaft sinnstiftend. Er lebt seinen Traumberuf.

Was ich gelernt habe:

› Klischees können und dürfen sehr wohl zutreffen.

› Liebe deinen Job, dann musst du gefühlt nie wieder arbeiten.

› Schafe sind sehr speziell.

10

Trickreicher Abschied

Der richtige Wert der Dinge

Nach einer guten Woche verlasse ich Paddy und seine Schafe wieder. Ich bin so herzlich von der Familie aufgenommen worden, dass ich jetzt ein bisschen traurig bin, weiterzufahren. Doch wie immer zieht mich meine Wanderlust weiter. Ich nehme die frühe Fähre von Bluff nach Stewart Island, einer kleinen Insel unterhalb der Südinsel. Sie ist ein wahres Naturparadies, denn sie wurde von den eingeschleppten Plagen der europäischen Siedler verschont: Katzen und Ratten. Diese breiteten sich explosionsartig aus und räubern seitdem die Nester bodenbrütender Vögel. Seit der Besiedlung Neuseelands hat sich die Fauna auf der Nord- und Südinsel sehr verändert. Der Nationalvogel der Neuseeländer, der flugunfähige Kiwi, kommt fast nur noch auf Stewart Island vor. Viele andere Vogel- und Pinguinarten finden hier und auf unbewohnten subantarktischen Inseln ein Rückzugsgebiet.

Ich beobachte, wie nachmittags Gelbaugenpinguine elegant in der Brandung schwimmen. Lustvoll scheinen sie auf den Wellen zu surfen, um im nächsten Moment wie ein Geschoss in der Gischt abzutauchen. Sie sammeln sich in kleinen Gruppen noch im Wasser. Elegant, grazil und zielstrebig nehmen sie dann die richtige Welle, die sie an den Strand spült. An Land sind sie wie ausgewechselt. Sie torkeln aus dem flachen Wasser. Ihre stummeligen Flügelchen wackeln auf und ab und dann watscheln sie wie betrunken zu den Brutfelsen. Laut schnatternd unterhalten sie sich. Sprechen sie über den Fang des Tages? Ob sie ihren Feinden, den Seelöwen, knapp entkommen sind? Darüber, wer am weitesten geschwommen ist oder am meisten Fisch gefangen hat? Dann verschwinden die Tiere ohne weiteren Kommentar und ohne eine Übersetzung für mich in ihren Bruthöhlen und füttern ihren Nachwuchs. Könnte ich mir eine Superheldenkraft wünschen, dann, dass ich jede Sprache, egal ob Mensch oder Tier, verstehen könnte – natürlich ohne die Mühen des Vokabellernens.

Ich wandere den Rakiura Track, meinen letzten Great Walk. Manchmal frage ich mich, was ich gemacht hätte, wenn ich Jannis nicht kennengelernt hätte. Wäre ich über-

In den einsamen Buchten der Catlins dösen Seelöwen faul in der Sonne.

haupt nach Neuseeland gereist? Wenn ja, wäre ich so viel wandern gegangen? Jannis hat mich mit seinem Wanderfieber voll angesteckt. Vor allem die Südinsel ist ein Naturparadies, das man am besten zu Fuß erkundet. Die dichten Wälder mit ihren Baumfarnen haben es mir besonders angetan. Oft genug führt der Weg auch an Stränden entlang, sodass ich meine Füße nach den vielen Kilometern erfrischen kann. Fjordlands Berggipfel und Schneefelder werden immer einen Platz in meinen Erinnerungen behalten. Auf den Great Walks lerne ich so viele nette Menschen kennen, dass ich nie einsam bin. Danke, Jannis, für diesen Tipp.

Zurück auf der Südinsel erlebe ich weitere Naturparadiese. In den Catlins teile ich mir den Strand mit mächtigen Seelöwenbullen. Sie dösen in der Sonne und raufen unter lautem Gebrüll miteinander. Ich halte respektvoll Abstand. Unter so einem Koloss möchte ich wirklich nicht landen. Auf der Otago Halbinsel sehe ich die großen Albatros-Kolonien. Diese Vögel faszinieren mich durch ihre extremen Flügelspannweiten. Ohne jeglichen Flügelschlag schweben sie über das Meer. Mühelos suchen sie dort Nahrung. Nur beim Starten gegen den heftigen Wind wirken sie ungeschickt. Manchmal brauchen sie mehrere Versuche, bis sie abheben. Ich sträube mich, die Albatros-Kolonie zu verlassen, denn nach der Halbinsel gibt es nur noch ein Ziel: Schwermütig fahre ich in Christchurch ein.

Jede Freundschaft endet irgendwann. Und wir sind wirklich gute Freunde geworden. Mein Mitsubishi Galant hat mich zuverlässig in jeden Winkel von Neuseeland gefahren. Wir hatten keine Unfälle, Pannen oder Startschwierigkeiten. Das einzige, was mir in diesem Auto verwehrt blieb, ist guter Schlaf. Der Wagen ist leider so klein, dass ich mich nicht vernünftig ausstrecken kann. Meistens liege ich mit meinem Rücken auf der Rückbank und schiebe meine Beine auf den Vordersitz. Den Zwischenraum überbrücke ich mit meinem Rucksack. Für ein paar Nächte am Stück ist das okay, aber dann brauche ich wieder die gerade Liegefläche meines Zelts. Die günstigen Lagerplätze in den Nationalparks sind ein weiterer Grund für die tollen Wanderungen in Neuseelands berauschender Natur.

Jetzt beginnt die letzte gemeinsame Station unseres Abenteuers. Ich gönne meinem Freund eine Super-Deluxe-Wäsche. Danach fahren wir zum lokalen Automarkt. Vor der Halle parke ich den Wagen. Mit etwas Wehmut krümme ich mich ein vermeintlich letztes Mal in meine Schlafposition. Morgens bereite ich mir wie immer mein Porridge auf dem kleinen Gaskocher zu und verspeise es auf dem Bordstein sitzend vor dem Wagen. Pünktlich um acht Uhr macht der Markt auf und ich fahre den Mitsubishi in die Halle. Im Büro bezahle ich eine Standgebühr von 55 Dollar. Dafür darf ich den Wagen fünf Tage lang hier parken und somit potentiellen Interessenten anbieten. Dieser Automarkt wird in allen Hostels der Stadt beworben. Wer frisch in Neuseeland eingetroffen ist und sich ein Auto kaufen möchte, wird hier vorstellig.

Ich platziere ein Stück Karton hinter die Windschutzscheibe, auf dem »1700$« steht. Zuversichtlich verlange ich damit 250 Dollar mehr, als ich damals bezahlt habe. Ein schlechtes Gewissen habe ich dabei nicht, denn ich glaube, dass er eigentlich auch etwas mehr wert ist. Ich habe ihn in Auckland einfach unfassbar günstig ersteigert.

In der Halle parken ungefähr zwölf andere Autos. Ihre Besitzer stehen herum und hoffen auf Kundschaft. Über den ganzen Tag verteilt gibt es reges Interesse an den Wagen. Immer wieder kommen junge Leute meist zu zweit herein. Sie schauen sich um und machen die eine oder andere Probefahrt. Einige Autos werden zügig verkauft. Mittags ist die Halle schon wieder halbleer.

Die meisten Wagen, die hier stehen, sind für Roadtrips durch Neuseeland besser geeignet als meiner. Es gibt Kleinbusse, die eigenhändig als Campervans umgebaut worden sind. Kombis bieten genug Platz für Paare oder kleine Gruppen. Fast alle sind gut ausgestattet. Viele Backpacker verkaufen auch Kocher, Matratzen, Schlafsäcke, Töpfe, Reiseführer, Karten, ihr Besteck, Angelequipment und alles, was man zum Outdoorleben in Neuseeland braucht, mit dazu.

Am Abend bin ich enttäuscht. Niemand hat sich für meinen Wagen interessiert. Wirklich niemand. Es gab Reisende, die haben mal interessiert geguckt. Dann sind sie weitergegangen. Was mache ich nur falsch? Am Ende meines ersten Tages spreche ich den Betreiber der Halle an. »Wie könnte ich mein Auto interessanter machen?«

Er fragt mich: »Warum willst du dein Auto so billig verkaufen? Es sieht super gut aus, so als wäre es viel mehr wert. Da werden die Leute misstrauisch. Sie könnten denken, dass etwas mit dem Wagen nicht stimmt.«

»Na ja, ich habe den Wagen schon teurer gemacht«, entgegne ich ihm. »Ich habe 1450 Dollar dafür bezahlt und 1700 sind doch schon ein netter Aufschlag.«

»Er sieht trotzdem nach mehr aus«, erklärt mir der Experte. »Ich sag dir was. Morgen stellst du ein Schild hinter die Windschutzscheibe, auf dem 2500 Dollar steht. Probier das einfach mal aus.« – »2500 Dollar? Für das Auto? Wer soll das bezahlen?«, zweifele ich.

Ich darf also noch eine weitere Nacht mit meinem treuen Freund verbringen. Am nächsten Morgen folge ich dem Ratschlag. Neben mir parkt wieder derselbe Kombi wie gestern. Er gehört – noch – vier Israelis. Wie die meisten hier sind sie durchs ganze Land gereist und warten nun nur noch darauf, dass sie ihren Wagen loswerden. »Ist dein Wagen über Nacht teurer geworden?«, fragt mich einer von ihnen mit einem verwunderten Lachen.

Die letzten Tage in meinem Auto.

Der Tag verläuft zäh und langsam. Es dauert lange, bis überhaupt Interessenten hereinkommen. Ein irisches Paar versucht seit Tagen, seinen Wagen zu verkaufen. Heute Abend geht ihr Flieger zurück in die Heimat. Der Preis ist von über 2000 Dollar dramatisch gestürzt. Vor den wenigen potenziellen Kunden machen sie keinen Hehl daraus, dass sie verkaufen müssen. Sie wollen nur irgendetwas für ihr Auto bekommen. Am Ende geht der Wagen für 600 Dollar weg. Trotzdem sind die beiden froh, dass sie immerhin noch diese 600 Dollar bekommen haben.

Auch der Wagen von meinen israelischen Nachbarn wird mehrmals Probe gefahren. Kaufen will ihn allerdings niemand. Er verliert unübersehbar Öl. So einen Mangel will keiner haben, der gerade in sein Abenteuer aufbricht. Niemand möchte Zeit damit verlieren, ein defektes Auto zu kaufen und es reparieren zu lassen. Nur Rucksäcke in den Kofferraum und los in die Natur – das ist der entscheidende Vorteil, den mein Wagen bietet.

Am späten Nachmittag schlendert ein junges deutsches Paar in die Halle. Wie die meisten stürzen die beiden sich sofort auf den Kombi der Israelis und fahren ihn Probe. Auch sie bemerken den Schaden mit dem Öl. Es stehen kaum noch weitere Autos für heute zum Verkauf. Sie sind sehr interessiert an meinem Wagen, obwohl sie eigentlich etwas suchen, in dem sie auch schlafen können. Dafür ist er wirklich zu klein. Wir machen zusammen eine kurze Probefahrt durch die Straßen um den Automarkt, die sie offensichtlich überzeugt.

»Wir sind total begeistert von dem Mitsubishi und würden ihn gerne kaufen. Wir bieten 2200 Dollar für das Auto«, schlägt mir der Mann vor.

Ich zögere. Das ist natürlich ein super Preis. Satte 750 Dollar mehr, als ich damals bezahlt habe. Und immer noch 500 Dollar mehr, als womit ich mich gestern zufrieden gegeben hätte. Aber jetzt will ich es einfach wissen. »Lasst uns bei der Hälfte treffen«, schlage ich mit einem Pokerface vor.

Wir einigen uns letzten Endes auf 2300 Dollar. Einen dicken Briefumschlag mit Banknoten habe ich zwar jetzt in der Tasche, aber dafür meinen treuen Freund verloren. Aber so ist das Backpackerleben. Gefährten kennenlernen und verabschieden gehört zum Alltag.

Ich packe meine ganzen Sachen ein und schleppe mein Zelt, meine Kochausrüstung und sonstigen Hausrat zur Bushaltestelle. Bis mein Flug geht, bleibe ich auf einem Campingplatz. Unter dem Gewicht meiner Sachen vermisse ich mein Auto noch mehr. Andererseits überkommt mich ein unglaubliches Hochgefühl: Ich habe es geschafft, ein Auto zu kaufen, eine gute Zeit zu haben und es wieder zu verkaufen. Außerdem habe ich noch einen Gewinn dabei gemacht und die Macht von Angebot und Nachfrage mit viel Adrenalin gespürt. Unsere Freundschaft hat mir also einen beträchtlichen Mehrwert eingebracht – im doppelten Sinne.

Was ich gelernt habe:

› Es lohnt sich, den Tipps von Reisenden zu folgen.

› Man kann nicht dauerhaft in einem Kleinwagen leben.

› Es gibt für alles den richtigen Preis.

11

Kann man Zeit verlieren?

Komodo, Insel der Drachen

Ich verlasse mein Wanderparadies Neuseeland, da mein Rückflug ab Sydney gebucht ist. Ein paar Tage später stoße ich auf das Ende meines Abenteuers da an, wo es begonnen hat. Zehn Monate in Down Under liegen jetzt hinter mir. Vor meiner Heimkehr wartet aber noch ein tolles Extra auf mich. Mein Ticket ermöglicht mir einen Stopp auf Bali, sodass ich einen vollen Monat das Inselarchipel Indonesien erkunden kann. Beim Buchen der Flüge damals in Deutschland wusste ich noch rein gar nichts über das Land. Jetzt möchte ich das ändern.

Kurz vor dem Abflug aus Australien tausche ich in einem Antiquariat mein Tauchlehrbuch gegen einen alten Indonesien-Reiseführer. Als ich darin blättere, trifft mich fast der Schlag. Komodo liegt nicht weit von Bali entfernt, nur ein paar Inseln weiter östlich, zwischen Sumbawa und Flores.

Komodo hat eine besondere Bedeutung für mich. Als Kind sah ich eine französische Fernsehdokumentation, deren Bilder bis heute in meinem Kopf herumschwirren. Sie zeigte bedrohliche Tiere, die durch den Wald kriechen. Bis zu drei Meter lang werden sie und 100 Kilo schwer. Sie können schnell rennen und sogar in die Luft springen. »Komodo dragons« nennt man sie, auf deutsch Komodowarane. Natürlich können die Drachen kein Feuer spucken oder Prinzessinnen entführen. Dafür sind sie die größten Echsen der Welt. Ritter fressen sie auch nicht. Aber es gibt Gerüchte, dass sie allzu unbesonnene Menschen angegriffen und verletzt haben. Und dann ist da noch diese Legende über den älteren Herren, der sich einmal auf der Insel verirrt haben soll und darauf nie wieder gesehen wurde... Wie wohl die Insulaner ihr Leben mit der ständigen Gefahr arrangieren?

Das muss ich selber herausfinden, nehme ich mir vor. Nach ein paar Strandtagen auf Bali und seiner wunderschönen Nachbarinsel Lombok bringt mich ein Nachtbus vom Hafen per Fähre zum Ostende der Insel Sumbawa. Bis Bima, der größten Stadt Sumbawas, läuft alles reibungslos. Dort allerdings werde ich zusammen mit einer Handvoll Indonesier unsanft auf dem Marktplatz abgeladen. Es ist alles fremd, dunkel und kühl. Neben den dicken Mauern des

Platzes erkenne ich den spitzen Giebel eines Minaretts und die gezackten Mauern der Moschee. Davor wehen Palmen leise im Wind und fremder Vogelgesang dringt zu mir. Ich bin irgendwo verloren am anderen Ende der Welt: Dieses unbeschreibliche Gefühl verursacht eine Gänsehaut auf mir.

»Taxi, hello my friend, taxi?« Bis eben noch lag die Stadt in friedlichem Schlummer, doch die Ankunft potenzieller Kunden weckt die Geschäftsleute zuverlässiger als jeder Bewegungsmelder. Viele Indonesier schlafen einfach draußen. Die Rikschafahrer machen es sich nachts auf ihrer Rückbank gemütlich und können auch im Halbschlaf lautstark um Kunden werben.

Ähnlich kenne ich das schon von Bali. Wenn ich dort spät nachts in meine Herberge zurückgekommen bin, habe ich immer einen leisen Slalomtanz um die schlafenden Angestellten veranstaltet, um keinen aufzuwecken. Die Hostel-Mitarbeiter schlafen nachts in der Eingangshalle und sind somit gleichzeitig die Nachtwächter.

In Bima kennen auch die fliegenden Händler nachts kein Erbarmen. Vom Buslärm aufgeweckt, kommen sie herbeigerannt, packen ihr Sortiment aus und warten auf Kundschaft. Als Tourist ist man ihnen in Indonesien schutzlos ausgeliefert. Mit den Worten »No money« versuche ich sie schnell abzuwehren. Das ist nach meiner Erfahrung das einzige passable Hilfsmittel gegen aufdringliche Verkäufer weltweit. Zum Glück winkt mich der Busfahrer schnell zu einem Bemo, einem indonesischen Sammeltaxi. Mit Gesten deutet er mir an, dass die Reise mit diesem klapprigen, verrosteten Etwas weitergeht. Die Windschutzscheibe ist großflächig mit schriller Deko-Folie beklebt, nur ein kleines Guckloch in der Mitte der Scheibe haben sich die Fahrer freigelassen. Andere Länder, andere Schönheitsideale.

Stunden später, die Sonne hat mich inzwischen durch die Scheiben gar geröstet, wird mir auch der Grund des Umsteigens bewusst: Durch die engen, bergigen Serpentinen würde es ein großer Bus nicht schaffen. Auch das uralte Bemo hält zweimal an, weil es eine Panne hat. Der Busfahrer scheint jedoch mit dieser Situation vertraut. Zügig repariert er die Schäden und es geht weiter.

Trotz meiner Angst um die Fahrtauglichkeit des Taxis und den tiefen Abgrund links von mir werden wir heile zum Hafen von Sape gebracht. Hier wartet die Enttäuschung des Tages: Die Fähre nach Flores läuft heute nicht aus. Das heißt im Klartext: mal eben einen ganzen Tag warten, bis die nächste Fähre kommt. Oder vielleicht sogar zwei?

Für die meisten indonesischen Mitreisenden scheint der Stopp kein Problem zu sein. Sie lächeln einfach vor sich hin, wie immer, wenn nicht alles läuft wie geplant. Mitsamt ihrem Gepäck richten sie sich ein gemütliches Plätzchen auf dem Holzpier ein, wo sie die nächsten 24 Stunden verbringen werden. Abwarten, draußen schlafen und einen Tag Zeit verlieren, das scheint hier keinen zu stören.

Zeit verlieren – das ist tatsächlich eine ziemlich westliche Vorstellung. Kann man Zeit überhaupt verlieren? Diese Redensart ist im Deutschen sehr geläufig. Wir wollen effizient handeln, um mehr zu erreichen. Planungen, Kalender und To-do Listen helfen. Der Blick auf die Uhr, Eile, Ärger über Verspätungen: normal. Aber kann man Zeit wirklich verlieren? Sie ist ja immer noch da. Die Sekunden verschwinden nicht einfach. Nur fließt das Leben eben gerade nicht in die Richtung, die wir uns gewünscht haben.

So gelassen wie meine Mitreisenden kann ich nicht auf die Umstände reagieren. Aber eine Wahl habe ich auch nicht. Also mache ich das Beste draus und ändere meine Pläne. Meine Reise hat mir bisher an so vielen Stellen gezeigt, dass ich doch eigentlich nichts anderes habe als den Moment jetzt, das Leben heute. Woher will ich denn auch wissen, ob mein geplanter Zeitverlauf wirklich besser wäre als die Änderung, die mir das Leben beschert? Ich nehme mir vor, das zu genießen, was gerade um mich herum ist. Weniger meine Zukunft zu planen und mich von Ereignissen abhängig machen, die erst noch eintreffen müssen, damit ich glücklich bin. Auch wenn ich eigentlich wenig Lust habe, einen ganzen Tag in einem Dorf zu verbringen, dessen Namen ich bis gerade noch nicht einmal kannte. Wie fantastisch die Unterbrechung tatsächlich wird, weiß ich zu diesem Zeitpunkt noch nicht.

Ein Motorradfahrer bringt mich zum »Losmen Friendship«, einem Gästehaus in der Nähe des Hafens. Das Hostel hat wahrlich schon bessere Tage gesehen. Einige Fensterscheiben sind zerbrochen.

In der kleinen Eingangshalle komme ich zufällig mit Didi Suradin ins Gespräch. Er ist der Englischlehrer des Dorfes. Als er von meinem Berufswunsch hört, lädt er mich sofort ein, gleich im Dorfschulraum vorbeizukommen und eine Stunde in seinem Englischkurs zu besuchen. Begeistert sage ich zu und freue mich auf dieses einmalige Erlebnis.

So finde ich mich am Nachmittag vor 15 pubertären Jungs und Mädchen wieder, die mich teils löchernd, teils eingeschüchtert mustern. Erst einmal soll ich, so möchte es Didi, jeden Jungen und jedes Mädchen persönlich grüßen und mich zurückgrüßen lassen. Kein Problem, denke ich mir. »Hi, I am Stefan. How are you?«, schleudere ich der nächstbesten Schülerin entgegen. Mehr als verlegenes Gekicher erhalte ich jedoch nicht zur Antwort. Trotzdem durchbohrt mich das Mädchen mit einem scharfen Blick, wie ich es in Indonesien immer wieder erlebt habe. Didi fordert sie ein paar Mal auf, doch bitte zu antworten. Aber ich wirke offenbar so einschüchternd, dass keine Kommunikation möglich ist.

Ob ich irgendetwas falsch mache? Die Jungs haben dieses Problem nicht. Lässig erwidern sie meinen Gruß in gebrochenem Englisch und heften noch ein paar Sätze dran. Nach dem holprigen Start gibt mir das das beruhigende Gefühl, kein Außerirdischer zu sein, sondern nur ein Fremder.

Als ich mich mit einigen Jugendlichen über ihre Zukunft unterhalte, werde ich jäh aus meiner heilen Touristenwelt geholt.

»Studieren will ich«, sagt mir ein 16-jähriger Junge. »Und dann nach Jakarta, um ein Geschäftsmann zu werden.«

Als Gast im Englischunterricht in einer Dorfschule.

Didi schaut mich betrübt an und flüstert mir zu, dass sich hier nur die wenigsten eine bessere Ausbildung leisten können. In Indonesien hängt die Zukunft der Kinder stark vom Elternhaus ab. Eine kostenlose Schulbildung, Ausbildungssysteme und Universitäten ohne Studiengebühren, wie es das in Deutschland gibt, sind hier unbekannt. Indonesien ist ein Entwicklungsland und höhere Bildung ist teuer, so wie eigentlich fast überall außerhalb Europas. Praktisch alle diese Jugendlichen werden wohl auf den Feldern arbeiten, genauso wie schon die Eltern.

Trotzdem entgegne ich dem Jungen ein paar aufmunternde Worte. Er nickt mir zu und grinst. Vielleicht ist er ja einer von denen, die es trotzdem schaffen, ihre Träume zu verwirklichen.

Früh morgens bringt mich der Gästehaus-Besitzer zu dem kleinen Holzkai. Die Menge der Menschen, die mit ihren Säcken und Taschen warten, ist über Nacht beträchtlich angewachsen. Vor uns liegt ein düsteres schwarzes Stahlungeheuer, das so marode aussieht, dass es in Deutschland noch nicht einmal zu einem Museumsexponat reichen würde. Nachdem ich ein Ticket für umgerechnet 2,50 Euro gelöst habe, nehme ich auf dem »Sonnendeck« Platz und fühle mich sofort beobachtet. Ich bin der einzige Ausländer an Bord. Wie überall in Indonesien beginnt das typische Spiel: Ungezählte Augenpaare starren mich an. Nachdem die Fähre auf See ist, wagen sich die ersten Mutigen an mich heran.

Straßenmarkt in Indonesien.

Zwei Männer Mitte dreißig beginnen eine Unterhaltung in sehr gutem Englisch mit mir. Während der nächsten Stunden gibt es kaum ein Thema, das wir nicht anschneiden. Von Weltgeschehen bis Entwicklungspolitik, von Sport bis Wirtschaft ist alles dabei. Sogar ein kleiner Indonesisch-Kurs für mich ist drin. Und wenn sich gerade mal eine Gesprächspause anbahnt, wartet schon jemand anderes auf seine Chance, mit dem Fremden zu reden. Jeder Indonesier, der auch nur halbwegs Englisch sprechen kann, möchte sich mit mir während der Fahrt unterhalten. Jeder Schritt, den ich mache, wird von unzähligen Augenpaaren beobachtet, jede Äußerung kritisch analysiert.

Zehn Stunden Fahrtzeit verfliegen förmlich. Die ersten Hügel der Insel Flores ragen aus dem Meer. Delfine umspielen mit kleinen Sprüngen die Fähre. Ein Schwarm fliegender Fische taucht aus dem Wasser empor und ihre eleganten Körper gleiten für viele Sekunden über das funkelnde Wasser. Vor uns liegt der Hafen und jede Menge kleine Barkassen gleiten über die See. Ich genieße die letzten Ausblicke auf das Wasser, das die Strahlen der tiefstehenden Sonne reflektiert und kleine goldene Schaumkronen auf der Oberfläche tanzen lässt. Während ich so an der Reling stehe, wird mir bewusst, wie gut es mir eigentlich geht. Ich bin total entspannt. Eine lange Reisezeit liegt hinter mir. Ich habe keine Sorgen, keinen Hunger, keinen Stress. Es ist angenehm warm. Was für ein Gefühl.

»I want to practise my English«, sagt der hagere Junge mit einem forschen, hoffnungsvollen Blick zu mir, während ich auf dem Kai warte. Ich komme mir langsam vor wie ein Hollywoodstar. Alle wollen mich kennenlernen. Alle wollen mit mir reden. Wahnsinn!

Nach einer kurzen Unterhaltung winken mich Agnes und Krystian aufs Fischerboot rauf. Das junge polnische Paar habe ich am vorigen Tag in einem Café in Labuan Bajo kennengelernt. Dort habe ich gezielt Leute gesucht, die sich mit mir ein Boot nach Komodo teilen wollen. Regulär fahren aktuell keine Schiffe auf die Insel. Ich reise während der tiefsten Regenzeit durchs Land und das bei Backpackern beliebte Indonesien ist wie leergefegt. Die Nebensaison hält zwar nicht so gutes Wetter bereit, dafür aber viel mehr Ruhe. Kein Mensch ist am Strand. Auch in den Tempeln Balis war es ruhig. Nun muss ich aber auch mit den Nachteilen leben: Nur in der Hauptsaison gibt es organisierte Bootstouren nach Komodo, für die man sich nur ein Ticket im Hafen kaufen muss.

Aber zusammen mit Agnes und Krystian geht es auch so. Die beiden haben in Jakarta ein Semester Indonesisch studiert. In unserer Situation ist das sehr hilfreich. Sie finden zwei Fischer, die uns raus auf die Inseln bringen wollen. Außerdem ist noch ein Küchenjunge mit dabei, der uns einheimische Mahlzeiten kochen wird. Ein toller Service für kleines Geld!

Im Schatten unter der Sonnenplane lässt es sich sehr gut aushalten, während das Schiff im leichten Auf und Ab

über die ruhige See gleitet. Der Wind kühlt angenehm mein Gesicht und außer dem gleichmäßigen Rattern des Dieselmotors ist nichts zu hören. Hin und wieder passieren wir kleine Inseln, die wahrscheinlich unbewohnt sind und geheimnisvoll in der Brandung liegen. Ihnen allen ist gemeinsam, dass sie sehr felsig sind, aber auch vor Grün strotzen. Sie sind aber seltsamerweise nicht von Dschungel überwuchert, sondern von einer Grasdecke überzogen. Das Ergebnis von unkontrollierter Abholzung? Ich sehe nur ab und an Palmen in den leicht bewölkten Himmel ragen. Wir passieren kleinere Fischerboote, die in gemütlichem Tempo ihre Netze auswerfen. Relaxt winkt uns ein Bootsmann zu, als wir vorüberziehen.

»Rinca Island, Rinca Island«, höre ich plötzlich unseren jungen Kapitän rufen. Auch er strahlt eine Gelassenheit aus, die mir in meiner westlich geprägten Fast-Forward-Welt ungewöhnlich erscheint.

Kurz darauf landen wir in einer seichten Bucht an, die von Mangroven gesäumt wird. Rinca ist für die viel höhere Konzentration von Waranen bekannt. Unser erster Zwischenstopp gilt daher der kleineren Nachbarinsel von Komodo.

Ein schmaler Trampelpfad führt ins grüne Herz der Insel. Ich fühle mich, als sei ich im Film »Jurassic Park« gelandet. Wir betreten das Land der sagenhaften Wesen aus dieser Dokumentation von damals. Plötzlich legt Krystian seine Hand auf meine Schulter und hält mich zurück. Seine Aktion

Die grünen Hügel von Rinca Island.

Im Dorf leben Menschen und Warane nahe beieinander.

reißt mich aus meinem Tagtraum. Irritiert sehe ich von ihm zu Agnes, die beide gebannt in die Mangrove blicken. Krystian deutet mit seinem Finger ins Dickicht. »Look! A dragon.«

Er liegt im Gestrüpp, döst vor sich hin und scheint überhaupt keine Notiz von uns zu nehmen. Obwohl es mit einer Länge von eineinhalb Metern ein Jungtier zu sein scheint, halten wir respektvollen Abstand. Komodowarane sind geschickte Jäger. Sie beißen ihre Beutetiere und injizieren diesen dabei ein Gift, an dem sie nach einigen Tagen zugrunde gehen. Dann brauchen die Warane nur noch dem Verwesungsgeruch zu folgen und futtern sich satt. Während sich Jungtiere mit Eidechsen und Insekten zufriedengeben, erlegen die ausgewachsenen Tiere Hirsche und Wildschweine.

Der Kopf des Jungdrachen dreht sich kurz zu uns. Er betrachtet uns aus dem Augenwinkel, um dann weiter sein wohlverdientes Mittagsschläfchen zu halten. Bestimmt genießt er den Moment.

Nach einer Fotopause schleichen wir uns an ihm vorbei und marschieren zu Fuß durch den Wald. Auf einer Lichtung steht das Dorf der Insel. Dorf ist dabei wohl leicht übertrieben. Es sind vier Hütten, die waransicher auf Stelzen

»Wer wagt es, mich beim Mittagsschlaf zu stören?«

gebaut sind. Fünf Prachtexemplare liegen vor der ersten Hütte herum und dösen im Schatten. Ein junger Mann sitzt auf der Veranda direkt über den gewaltigen Tieren. Er grüßt uns lässig, mit einem Strahlen im Gesicht. Dann plötzlich kommt Bewegung in die Tiere. Eines von ihnen läuft direkt auf unsere kleine Gruppe zu. Langsam, behäbig, aber doch mit einer Sicherheit und in einer bedrohlichen Art, dass mir für einen Moment mulmig wird. Ich sehe Agnes und Krystian an, die wie gelähmt dastehen. Dann machen wir alle drei fast gleichzeitig einen großen Schritt nach links und die schöne dunkelgraue Echse zieht einen Meter an uns vorbei. Der Waran beobachtet uns mit seinen wachen Augen und seine Zunge schnellt in kurzen Abständen mit einem lauten Zischen hervor. Was für ein massiges Tier. Mit seinen Giftzähnen möchte ich keine Bekanntschaft machen. Allein sein Schwanz muss über einen Meter messen.

Ein Mann im khakifarbenem Rangerhemd kommt auf uns zu und begrüßt uns freundlich. »Ihr braucht keine Sorge haben, wir leben hier auf der Insel friedlich mit den Tieren zusammen. Hier im Dorf bekommen die Warane gerne mal was zu essen, deshalb belagern sie unsere Hütten.« Gemächlich führt er uns über seine schöne Insel.

Die Zeit scheint hier stillzustehen. Zeit verlieren – diese Sorge hat auf Rinca wohl niemand. Wenn man auf einer Insel mit vier Hütten lebt, gibt es vermutlich auch keine Eile, keine Dinge, die noch schnell erledigt werden müssen. Nur ein Leben im Moment.

Sanfte Hügel ziehen sich bis zur Küste. Palmen schaukeln sachte im angenehmen Wind. Wald wechselt sich mit Lichtungen ab. Wir laufen durch flaches Buschland und erdiges Grasland. Ein weiterer herrlicher Tag in diesem Paradies. Wir machen einen Wasserbüffel und ein Wildschwein ausfindig, die den Waranen bisher offenbar erfolgreich aus dem Weg gegangen sind. Nach zwei Stunden erreichen wir dann wieder die Hütten.

Wir sind happy mit unserem Trip, weil wir die Warane gefunden haben und unser Guide ist happy, weil er Kräuter gefunden hat, die er nach dem Abendessen rauchen wird. Zurück an Bord des Schiffes legen wir ab, um noch vor Einbruch der Dunkelheit zu einer kleinen Insel zu fahren. »Flying Fox«, ruft mir der Schiffsjunge ihren Namen zu und deutet auf die Felsen. Dort gehen wir in einer geschützten Bucht vor Anker. Das Meer ist spiegelglatt und das sanfte Schaukeln gibt mir ein beruhigendes Gefühl. Wir essen Ayam Goreng, Hühnchen mit Reis, mit den Fingern, bei be-

Unterwegs auf Komodo auf der Suche nach Waranen.

stem Panorama. Die goldene Sonne taucht unter die Horizontlinie. Am Äquator wird es zügig dunkel. Der Kapitän holt eine Lampe, damit wir den letzten Rest unseres Abendessens noch sehen. Nach so einem spektakulären Tag geht der Tag ganz unspektakulär. Wir legen uns einfach auf Deck schlafen. Ich kuschele mich in meinem Schlafsack ein, wie fast jeden Abend in den letzten elf Monaten. Dann rufe ich noch ein »Gute Nacht« zu meinen Reisebegleitern und freue mich über so einen besonderen Tag meiner Reise, bevor ich einschlafe.

Der Sonnenaufgang übertrifft alles. Nach dem Aufwachen bleibe ich noch eine halbe Stunde in meinem wärmenden Schlafsack liegen, um das Schauspiel auf mich wirken zu lassen. Das helle kehlige Schreien der Fledermäuse schallt durch die Luft, als wären hunderttausend Stimmen gleichzeitig überall und nirgendwo. Über dem Wasser färbt die aufgehende Sonne den Himmel purpur und das Schwarz der Nacht weicht langsam einem sanften Blau. Die dunklen Silhouetten der Hügel scheinen irgendwie geheimnisvoll und undurchdringlich. Im Vordergrund ziehen gewaltige Schwärme von Flughunden über die Mangroven der Insel. Sie gehen am frühen Morgen auf Beutejagd und grasen die Insektenschwärme ab, die sich nicht rechtzeitig verstecken können. Was für ein Auftakt in den jungen Tag.

Nach einem schnellen, gewöhnungsbedürftigen Reisfrühstück schmeißt der Kapitän wieder den Dieselmotor an und wir tuckern langsam über das Meer in Richtung unseres heutigen Tagesziels Komodo. Schon eineinhalb Stunden nach Sonnenaufgang ist es wieder schwülwarm und ich bin über den spärlichen Schatten froh, den die Plane auf das Deck wirft.

Komodo Island, der Namensgeber für die Warane, sieht ähnlich aus wie Rinca Island. Heute scheint aber Feiertag für die Tiere zu sein, wir können nur ein einziges auf einer Lichtung entdecken. Bereitwillig bleibt es stehen, lässt sich fotografieren, zischt uns an und verschwindet dann im Dickicht. Komodo ist trotzdem eine wunderschöne zerklüftete, wilde Insel.

Mittags sind wir wieder zurück in der kleinen Hafenstadt auf Flores. Auch der Kapitän ist glücklich, weil er während unserer Zeit auf der Insel genug Fisch gefangen hat.

Ein paar Jahre nach meinem Besuch lese ich in den Medien, dass der Komodo International Airport eröffnet hat. So kommen nun wesentlich mehr Besucher in kürzerer Zeit auf die Insel. Die Nationalparkgebühr geht vermutlich direkt nach Jakarta, anstatt dem Aufbau der gefährdeten Waranpopulation zu dienen. Ein lohnendes Geschäft für die Regierung.

Auch die internationalen Besucher verlieren nun keine Zeit mehr. Auf bequemen Flügen geht es von den asiatischen Großstädten nach dem Frühstück direkt zum Fotografieren der Drachen und abends zurück nach Hause. Sie geben den Einheimischen kaum Chancen, Geld zu verdienen. Die Transfers sind voll durchorganisiert – ähnlich wie bei dem populären Kreuzfahrttourismus bei uns. So erleben die Besucher auch weder Buspannen noch stranden sie in irgendeinem Hafenort.

Doch wofür lohnt es sich eigentlich zu reisen? Nur um am Ziel gewesen zu sein, Haken dran mit Instagram-Beweisfoto? Oder reisen wir eher für das, was am Wegesrand liegt – Erfahrungen machen, Menschen kennen lernen, augenöffnende Zwischenmomente erleben?

Ich habe für mich persönlich ganz klar meine Antwort gefunden.

Was ich gelernt habe:

› Zeit kann man nicht verlieren.

› Ich bin froh, aus einem Land zu kommen, wo ich alle Chancen für meine Zukunft habe.

› Ayam Goreng mit bloßen Fingern und tollem Panorama zu essen, macht mich glücklicher als ein Sterne-Restaurant.

12

Heimreise

Zurück in Deutschland – und jetzt?

Ich verbringe einen fantastischen Monat in Indonesiens Inselwelt. Auf Bali lerne ich Wellen reiten und tanze die Nächte durch. Lombok ist mir mit seinen Riffen ein perfektes Revier zum Schnorcheln. Die Gilli Islands verzaubern mich mit ihrem entspannten Charme, ähnlich wie Komodo mit seinen Drachen und Java mit seinen uralten Tempeln. Doch irgendwann ist auch bei der Zugabe meiner ersten großen Backpackingreise der letzte Tag gekommen.

Das Taxi steht vor der Tür, ich wuchte meinen Rucksack in den Kofferraum und verliere mich in der Heimreise: charmelose Flughallen, Umstieg in Singapur, sterile Luft, ein neuer Tag-Nacht-Rhythmus. Um sechs Uhr morgens betrete ich am Frankfurter Flughafen wieder deutschen Boden. Verkniffene Gesichter bei der Passkontrolle, kaltes Aprilwetter. Ich friere in meinen viel zu dünnen Reiseklamotten. Deutschland hat mich endgültig wieder. Abschiedstrauer auf der einen Seite, Stolz auf der anderen. Ich habe mich ein knappes Jahr alleine durch das andere Ende der Welt geschlagen. Ich habe das Abenteuer gesucht und es hat mich gefunden. Mein Adressbuch ist gefüllt mit Kontakten von Menschen aus unzähligen Ländern. Ich spreche fließend Englisch und mein Selbstbewusstsein ist mit jedem Tag gewachsen.

Von der Straßenbahn laufe ich den letzten Kilometer zu meinem Elternhaus. Jeder Schritt bringt mich von meiner großen Reise weiter weg. Mit dem Drücken der Türklingel ist sie endgültig vorüber.

Meine Eltern und Thomas nehmen mich freudig in den Arm. Unzählige Fragen werden gestellt und mein Lieblingsessen kommt auf den Tisch. Es tut gut, die Menschen wiederzusehen, die mich am längsten begleitet haben. Hier spüre ich die alte Vertrautheit und Geborgenheit meiner Kindheit und Jugend. Später sehe ich auch alle meine Freunde wieder. Wir lachen, trinken deutsches Bier und unzählige Fragen kommen auf. »Und, wie war es? Was hast du so gemacht im letzten Jahr? Alles gut?«

Es fällt mir schwer, die Antworten zu vermitteln. Wir haben alle weitergelebt. Meine Freunde waren mit ihrem Zivildienst oder Studienbeginn beschäftigt, während ich täglich mit einem neuen Morgen in Australien frisch angefangen habe. Parallelwelten. Manchmal empfinde ich es so, als wäre eine Scheibe aus Plexiglas zwischen uns. Wir haben jahrelang die Schule zusammen besucht, die Wochenenden durchgefeiert und die Nachmittage in unserem Heimatstädtchen mit Leichtigkeit und Blödsinn verbracht. Ich tue mich schwer, meine Haltung greifbar zu machen. Warum ist die Verbindung nicht mehr dieselbe wie früher?

Ich möchte mein Sparkonto wieder auffüllen. Aber auch die Jobsuche gestaltet sich erst einmal schwierig. Im Callcenter versuche ich erfolglos, gutgläubigen Menschen Lotterielose zu verkaufen. Als Kellner in einem Fischrestaurant bin ich auch absolut unbrauchbar. Ich betreue wieder den Alzheimerpatienten, den ich schon im Zivildienst unterstützt habe, und erschrecke über den geistigen Verfall, den diese Krankheit anrichtet. Alle Jobs habe ich, wie auch in Australien, spontan angenommen: machen statt bedenken. Aber hier fühlt sich alles nach einer Sackgasse an. Ich komme mir vor wie auf Entzug. Jeden Tag am gleichen Ort aufwachen und ohne den Glücksrausch der Freiheit einschlafen, fühlt sich leer an. Meine Zeit zu Hause zerfließt orientierungslos ohne Erleben und Nutzen. Ich muss wieder auf die Straße.

Glücklicherweise ziehen meine Freunde mit. Mit fünf Jungs machen wir einen Roadtrip nach Italien. Wir nächtigen auf einem günstigen Campingplatz und trinken Bier schon zu Uhrzeiten, wenn andere zur Arbeit aufbrechen. Ein Ausflug geht in ein großes Freibad, das als Werbung kostenlose Bungee-Sprünge anbietet.

»Gratis Bungee springen? Da sind wir doch alle dabei«, rufe ich meinen vier Freunden zu. Nach anfänglicher kollektiver Begeisterung bin ich allerdings der einzige, der sich einen Termin sichert. Kurz darauf steige ich Stufe für Stufe den 60 Meter hohen Turm empor. Jeder Schritt befreit mich von meiner Zeit zuhause. Herzklopfend bringe ich den Mut

Ich hab es wirklich getan. Bungeesprung in Italien.

auf, nur nach oben zu schauen und das Gewackel auszuhalten. Vor mir sind Leute umgedreht und wieder runtergegangen. Ist es mutiger, unter den Blicken der Badegäste aufzugeben, oder sich doch zu überwinden? Oben angekommen stelle ich mich auf den Rand des Sprungbretts. Ein schwindelfreier Mitarbeiter wiegt mich, stellt das Seil auf mein Gewicht ein und legt mir einen Gurt um die Füße. Dann kommt mein Moment: »Ready? Let's go!«, höre ich von hinten. Ich schaue hinunter und erstarre. Vor lauter Angst krallen sich meine Hände am Geländer fest. Ich weiß nicht, was ich tun soll. Verunsichert schaue ich zurück zum Mitarbeiter. Dann stelle ich ihm die blödeste Frage der Welt: »Was soll ich jetzt machen?« Er lächelt und sagt einfach nur ganz cool: »Lass los.« Ich löse meine Hände, gehe in die Knie und tue das, was ich vor über einem Jahr mit Betreten des Flugzeugs nach Australien auch gemacht habe: Ich lasse mich fallen.

Der Bungeesprung ist nicht mein erster Freiflug. In meiner zweiten Woche in Australien, gepackt von meinem Freiheitsrausch, entschließe ich mich, mit Steffen einen Fallschirmsprung zu wagen. Auf 2000 Metern Höhe strecke ich ein Bein aus der Einstiegsluke eines kleinen Flugzeugs und stelle meinen Fuß auf den Radkasten. Alles weitere managt mein Tandemsprunglehrer, dem ich gerade mein Leben anvertraut habe. Wir fallen. Mein Herz wummert und alle Muskeln sind angespannt. Dann gibt es einen gewaltigen Ruck. Mein Sprungpartner, an dessen Bauch ich mit meinem Rücken sicher festgeschnallt bin, zieht den Fallschirm und wir kreisen gemächlich zur Erde. Nach einer holprigen Landung gibt es ein High Five und adrenalingetränkt kann ich von mir sagen: »Ich habe einen Fallschirmsprung erlebt und überlebt.«

Und jetzt kann ich also auch noch die Erfahrung Bungee-Jumping »abhaken.« Googelt man den Begriff Bucket List, also Dinge, die man vor seinem Tod getan haben sollte, so findet man auf den meisten Webseiten beides: Fallschirmsprung und Bungee-Springen. Ich persönlich bin der Meinung, dass keines dieser beiden Erlebnisse etwas auf einer solchen Liste zu suchen hat.

Bucket Lists sind im Netz gerade deshalb so populär, weil es ein wachsendes Bewusstsein dafür gibt, dass das Leben noch so viel mehr bereithält als aufstehen, arbeiten, fernsehen, schlafen gehen. So entsteht das Bedürfnis nach (Er-) leben. Hunderte Blogs bieten Lösungen an, um die eigene Bucket List ohne viel Nachdenken zu füllen. Über den bereitstehenden Werbelink können wir uns diese Wünsche mit wenigen Klicks gleich erfüllen. Für mich ist diese Form einer Liste nicht sinnvoll, da sie zu bloßem Abhaken verführt. Hinter Wünschen steckt doch aber so viel mehr. Meiner Meinung nach ist hier eigenes Denken gefragt.

Eine gute Bucket List geht meinem Verständnis nach auch über den Freizeitbereich hinaus. Denn natürlich ist Arbeit ein wichtiger Teil unseres Lebens. Wenn es gut läuft, liefert sie neben dem Brotverdienst auch Selbstverwirklichung. Was wir jeden Tag tun, macht etwas mit unserer Persönlichkeit, unseren Werten und unserem Weltbild.

Auch ein Zuviel an Arbeit ist problematisch. Stimmt die Work-Life-Balance nicht, werden wir früher oder später unglücklich, krank oder beides. Nach den Überbrückungs-Jobs nach meiner Heimkehr weiß ich, wie schnell man unzufrieden werden kann. Am Wochenende versuchen wir bestenfalls die ganze gute Zeit nachzuholen. Familie, Freunde, Hobby, Shoppen, Reisen – und die Bucket List abhaken. Mehr, mehr, mehr, so befinden wir uns schnell im Hamsterrad, obwohl wir das eigentlich gar nicht wollten.

Davon abgesehen kann eine Bucket List – richtig umgesetzt – durchaus Sinn machen. Wenn der Moment kommt, mich von dieser Welt zu verabschieden, was und wie denke ich über mein Leben? Was möchte ich getan haben? Das sind die zentralen Fragen. Bungee-Jumping und Fallschirmsprung sind darauf sicher nicht die wichtigen Antworten. »Sich fallenlassen« aber könnte eine sein.

Ich lerne die entscheidenden Lektionen des Lebens ein zweites Mal. Nach der Italientour habe ich die Energie und Klarheit, eine der größten Entscheidungen meines Lebens zu treffen. Bisher war ich noch unschlüssig, ob ich ein Studium als Raumplaner in Dortmund beginnen möchte oder lieber Englisch und Sport auf Lehramt in Münster studieren soll. Gestärkt von meinen Träumen und Freiheitsidealen entscheide ich mich nun eindeutig und aus vollem Herzen gegen ein »Lebenslänglich« im Büro und für das Privileg, mit Jugendlichen zu arbeiten. So beginnt meine Zeit in der lebenswertesten Stadt der Welt. Mit dem Fahrrad vom Hörsaal zum Sportplatz, von der Mensa zur Studentenkneipe: Das ist Lebensqualität in einer klassischen Studentenstadt.

Der Sprung ins Ungewisse tut mir gut. Eigentlich hat mich das gesamte letzte Jahr immer wieder in Richtung Lehramt geschubst. Ich hatte doch immer das Gefühl, dass dies der richtige Beruf für mich ist. In der anfänglichen Orientierungslosigkeit zu Hause ging mein Gefühl nur leider unter. Nach der Phase intensiven Erlebens brauchte die Erkenntnis offenbar noch etwas Zeit, um zu reifen. In Münster weiß ich von meinem ersten Tag an, dass ich hier goldrichtig bin.

Übrigens: Bungee- oder Fallschirmsprung? Ich werde oft gefragt, welches der beiden Erlebnisse besser ist. Dazu habe ich eine ganz klare Meinung: der Bungeesprung. Das kommt für die meisten sehr überraschend, denn ein Fallschirmsprung scheint doch viel spektakulärer zu sein. Schließlich musst du ein kleines wackliges Flugzeug betreten, das sich langsam in den Himmel schraubt. Angekommen auf 2000 Metern Höhe saust du im Freifall Richtung Erdboden. Beim Bungeesprung ist dagegen die Fallhöhe fast langweilig. Der entscheidende Unterschied ist für mich der allererste Schritt. Beim Bungeesprung mache ich diesen Schritt ganz alleine. Ich muss meine Hände lösen und springen. Natürlich ist der Fall kürzer. Aber ich habe ihn selbst verantwortet. Ich habe diesen ersten Schritt gemacht und das fühlt sich so viel besser an, als wenn das jemand anderes für mich tut.

Ist das nicht der entscheidende Unterschied bei allen Hindernissen, allen Herausforderungen und Schwierigkeiten im Leben? Aktiv den ersten Schritt tun, mutig sein und die Sache angehen – nicht gefallen werden. Alle anderen Schritte werden schon folgen – in meinem Fall sowohl eine Backpacking-Reise als auch die richtige Berufsentscheidung.

Was ich gelernt habe:

› Wenn ich mich festklammere, komme ich nicht weiter.

› Es ist okay, nach so einem Jahr erst einmal orientierungslos zu sein.

› Der erste Schritt ist der wichtigste.

13

Zuversicht ist der Weg aus der Sackgasse

Als Kanuguide in Schweden und Frankreich

Wir sind angekommen. Ich zeige für alle sichtbar auf das linke Ufer. Die Kanus legen an und 23 junge Menschen steigen erwartungsvoll aus. Michael deutet strahlend auf die Klippe vor uns. Er ist Mitte 40, Stammgast unserer geführten Kanutouren und ist diesen Flussabschnitt schon mehrere Male gepaddelt. Ich leite als Teamer die ganze Kanugruppe an. Oft profitiere ich von seiner besonderen Ortskenntnis, und auch hier kennt er einen Geheimtipp, der in keinem Reiseführer erwähnt wird. So laufen wir den schmalen Strand hoch zu der gewaltigen Klippe aus hellem Sandstein. In vier Metern Höhe liegt der Höhleneingang über uns. Vor dem Eingang ist ein kleiner Felsvorsprung, den wir als Einstieg nutzen können. Natürlich hat Michael ein Kletterseil dabei. Er wirft es in hohem Bogen über den Felsvorsprung und fängt das Ende auf. Jetzt können wir, einer nach dem anderen, am Seil hochklettern und das Innere des Felsens erkunden.

Der helle Kalksandstein ist typisch für die Region hier im Herzen Frankreichs. Durch das weiche Karstgestein der Gegend hat sich im Laufe der Jahrmillionen das Regenwasser gegraben. Neben vielen Klippen und Höhlen ist auch der Flusslauf der Dordogne entstanden.

Hier in dem hohlen Felsen gibt es zahlreiche Tunnel. Zum Glück sind sie so groß, dass wir aufrecht hindurchlaufen können. An vielen Stellen endet der Tunnel am Rand des Felsens, sodass natürliche Fenster entstanden sind. Sie sorgen für viel Tageslicht im Inneren. An manchen Stellen können wir über den Lauf der Dordogne schauen und genießen die Kühle des Steins.

Nach einiger Zeit haben die meisten Gäste die Gänge satt, klettern am Seil herunter und gehen zum Ufer, wo sie sich in die warme Sonne setzen. Michael und ich bleiben zurück. Verschmitzt blickt er mich an und sagt: »Hier gibt es noch eine ganz versteckte Höhle. Wollen wir die erkunden?« Ich stimme zu und ohne irgendjemandem aus der Gruppe Bescheid zu sagen, biegen wir in einen kleinen Höhlengang ab. Sekunden später sind wir von Enge, Dunkelheit und muffiger Luft umgeben. Vorsichtig setze ich einen

Als Kanu-Guide in auf den schwedischen Seen.

Fuß vor den anderen. Die Stimmen der Gruppe sind lange verhallt. Was uns hier wohl erwartet? Kommen wir hier wieder heraus? Ein ungutes Gefühl beschleicht mich. Aber vor Michael jetzt kneifen, das geht auch nicht.

Meine Nebenjobs als Teamer in der Reisebranche haben vor ein paar Jahren angefangen. Während meines Studiums in Münster habe ich mich gefragt, wie ich es am besten schaffen kann, während der langen Semesterferien zu reisen und gleichzeitig Geld zu verdienen. Eine Anzeige im Stadtmagazin »na dann« bringt mich auf die Idee. Das Abenteuer-Team sucht Kanu-Guides für Schweden. Ich rufe noch am gleichen Tag an und werde zu einer Vorstellungsrunde eingeladen. Ungefähr acht Mitbewerber sitzen im kleinen Büro am Hafen. Stefan, der Gründer der Firma, erzählt, wie er sein kleines Reisebüro hochgezogen hat. Sein Studium hat er nach ein paar Wochen abgebrochen, weil man da »sowieso nichts für die Praxis lernt.« Stattdessen hat er Kanureisen in Schweden über das Radio beworben, sich vor Ort Boote und Material geliehen und ist mit den Gästen losgepaddelt. Langsam, aber sicher hat er sich mit seinem Kanu-Lager eine Existenz in Schweden aufgebaut. Jetzt verkauft er über sein Büro in Münster zusätzlich noch Abenteuerreisen weltweit.

Nach der Vorstellungsrunde denke ich mir noch: »Was mache ich da eigentlich? Meine Erfahrung ist für den Job vielleicht zu dürftig.« Ich bin zwar grundsätzlich schon mal gepaddelt. Da waren die Tage mit Luke und Lara in den goldenen Buchten des Abel-Tasman-Nationalparks in Neuseeland. Das war es aber auch schon mit meiner Kanu-Erfahrung. Allerdings lerne ich sehr schnell, vielleicht eine meiner größten Stärken. Ansonsten kann ich nur mein knappes Jahr Outdoortrip auf eigene Faust am anderen Ende der Welt vorweisen. Das Jahr zuvor war ich mit einem Jugendreiseveranstalter an der Costa Brava. Dort habe ich als Teamer einen unvergesslichen Urlaub für Jugendliche mitgestaltet. Von Beachvolleyballturnier über Barcelona-Ausflüge und abends feiern gehen war alles dabei. Dabei war meine Hauptaufgabe, zu schauen, dass sich alle Jugendlichen gut aufgehoben fühlen und gleichzeitig die Partys nicht ausarteten – was mal mehr und mal weniger gelang. Das ist aber auch meine einzige Vorerfahrung im Bereich Touristik. Reicht das für einen Kanu-Sommer in Schweden?

Wie sich herausstellt, reicht das für die Zusage voll und ganz. Dennoch kommen mir im Vorfeld einige Zweifel. Mit großen Gruppen alleine auf den Seen, navigieren, kochen, Lagerfeuer machen, Gruppen leiten, mit Menschen umgehen und sie willkommen heißen, unterstützen und dafür sorgen, dass sie sich immer wohlfühlen – schaffe ich das mit Anfang 20? Mit meinen Fähigkeiten?

Entschieden versuche ich, diese Gedanken abzuschütteln. Ich möchte mich nicht immer nur darum sorgen, was alles passieren könnte. Ich habe in meinem Leben oft beobachtet, dass sich viele Menschen von ihren Ängsten leiten lassen, von dem, was sie nicht wollen. Sie gestalten ihr Leben in einer geschützten Blase, sodass sie sich immer wohlfühlen. Ich will mich aber nicht auf meine Komfortzone beschränken. Situationen, die unangenehm oder nicht bewältigbar erscheinen, dürfen und sollen Teil meines Lebens sein. Alle Begebenheiten zu meiden, vor denen ich Angst haben könnte, mag vielleicht ein einfacher Weg sein. Aber es ist nicht der, den ich einschlagen will.

Ich habe zum Beispiel in Australien oft alleine im Auto geschlafen. Ich habe irgendwo am Straßenrand geparkt. Unauffällig. Manchmal am Strand, See oder auf dem Supermarkt-Parkplatz. Am nächsten Morgen bin ich weitergefahren. Wenn ich Menschen von meiner unglaublichen Freiheit erzähle, dass ich reisen konnte, wohin ich wollte und mich niemals um ein Hotelbett kümmern musste, dann kam immer die Frage auf: »Hattest du nie Angst?« Doch, ich hatte auch manchmal Angst. Besonders am Anfang, die ersten Nächte. Doch dann habe ich mich an diese Schlafsituation gewöhnt. Mein freies, ungebundenes Leben hatte eben diesen Preis.

Auf den Farmen, auf denen ich gearbeitet habe, hatte ich auch keinerlei praktische Vorerfahrung. Die Zuversicht, dass ich das schon schaffen werde, hat mich immer getragen. Vielleicht ist das die Schwäche des (deutschen?) Schulsystems? Der Direktor drückt dir das Abiturzeugnis in die Hand. »Herzlichen Glückwunsch. Jetzt kannst du studieren, was du möchtest.« Aber was hat man wirklich gelernt? Oder erlebt? Was kann man vorweisen? Praktisches jedenfalls nicht viel. Eine meiner wichtigsten Erkenntnisse meiner Australien-Zeit ist, dass ich mir keine Gedanken machen sollte, ob ich etwas kann oder nicht kann. Ich mache es einfach. Frei nach dem kölschen Grundgesetz: »Es hätt noch immer jot jegange.« Sorgen machen kann man sich auch später noch. Oder statt mich zu sorgen, suche ich einfach die Lösung für das Problem, falls es tatsächlich aufkommen sollte.

Keine acht Wochen später finde ich mich in Schweden wieder. Das Kanu-Camp liegt nördlich von Göteborg im Värmland. Als Teil des Paddelgebietes Dalsland-Nordmark zählt die Region zu den größten Seenlandschaften Europas. Nahe dem kleinen Ort Bengtsfors wartet es direkt am See Le Lang auf mich. Hier verbringe ich meinen Sommer. Mein Zimmer ist mein Zelt. Mein Transportmittel ist das Kanu. Meine Küche ist der Grill oder das offene Feuer. Das Leben ist simpel. Hier oben lerne ich alles, was ich brauche, um Gäste über die herrliche Seenlandschaft zu führen: zum

Kochen für 20 Personen auf dem Lagerfeuer.

Beispiel paddeln. Oder für 20 Leute auf offenem Feuer zu kochen. Holz hacken. Trotz Regen zu lächeln.

Im Kanu-Camp gibt es zwei Dienste, die sich wöchentlich abwechseln. Beim Campdienst gehört die Versorgung der Individualgäste zum Tagesprogramm. Wenn sich also Leute Kanus ausleihen, ohne eine organisierte Tour mitzumachen, gebe ich ihnen Material heraus, sprich Schwimmwesten, Paddel und eine wasserdichte Packtonne. Natürlich kann man sich im Bootsschuppen gegen Aufpreis alles an Campingausrüstung leihen, was das Herz begehrt. Nach einer Paddeleinführung entlasse ich die Gäste in die Einsamkeit Schwedens, in glitzernde saubere Seen in endlosen, herrlichen Mischwäldern. Lagerfeuer zum Frühstückskaffee und Grillabende sind hier die »alltägliche« Arbeit. Transfers zum Flughafen, Einkaufen für die Touren und das Abholen von Leuten, die nur bis zu einem bestimmten Punkt gepaddelt sind, machen den Rest der Arbeit aus.

Die geführten Touren sind aber mein Grund, im hohen Norden zu arbeiten. Mit den Gästen gleiten die Hauptteamerin und ich in den Kanus auf den See heraus. Wir genießen das Wasser und das tagelange Draußensein. Mal paddeln wir kräftig, mal lassen wir uns treiben. Wir binden unsere Boote zu großen Flößen zusammen und springen ins blaue Wasser. Manchmal essen wir zu Mittag auf dem Wasser, manchmal machen wir Pause an Land. Es gibt Tage, da brennt die Sonne vom Himmel, an anderen verstecken wir uns unter unseren Regenjacken. Kommt unsere Gruppe abends an einem einsamen Lagerplatz an, bauen wir gemeinsam unser Lager auf. Wir hacken Holz, entzünden ein Feuer und kochen die herrlichsten Outdoor-Gerichte in gusseisernen Töpfen und Pfannen. Vor der Tour machen wir einen Großeinkauf. Von Lachs mit Kartoffeln über Spaghetti Bolognese, Curryhuhn mit Gemüse, typisch schwedischen Köttbullar in Pfeffersauce bis in der Glut gebackener Outdoor-Pizza bleiben keine Wünsche offen. Als Vorspeise gibt es auch schon mal frische Heidelbeerpfannkuchen. Die blauen Beeren wachsen in den Wäldern wie Unkraut.

Während ich mit den Gästen immer eine fröhliche Zeit habe, gibt es zusehends Schwierigkeiten im Team. Meine direkte Vorgesetzte, die schon seit ein paar Jahren dabei ist, duldet nur ungern neue Teamer im Kanu-Camp. Während sie es schafft, vor den Gästen freundlich zu wirken, macht sie mir und den anderen Guides mit ihrer herrischen Art das Leben schwer. Jeder Fehler wird seziert und angeprangert. Die Einarbeitung ist dürftig, aber die Erwartungen sind hoch. Ein Feuer hat genau so angezündet zu werden, wie sie es für richtig hält. Das gilt für alle Abläufe im Camp. Werden Dinge anders gemacht, fängt sie Streit an. Vor Gästen lässt sie mich systematisch vor die Wand laufen, um mich dann öffentlich zu korrigieren. Auch meine Kollegen können ein Lied davon singen. Meine Zuversicht,

Indisches Curry – unsere Abendessen auf Tour sind immer ein Highlight.

hier in Schweden zu bestehen und mit Gästen eine tolle Zeit in der Natur zu haben, schwindet nach der ersten Woche zusehends. Klären kann ich mit ihr nichts, denn andere Ansichten will sie nicht akzeptieren. Auch mit guten Argumenten komme ich einfach nicht weiter. »Die ideale Besetzung für eine Führungsposition«, denke ich mir sarkastisch.

Obwohl ich mir sicher bin, dass ich nicht die Ursache für den größten Teil aller Streitigkeiten bin, beginne ich, an mir zu zweifeln. Gefühle von Unfähigkeit, Unterlegenheit und Verlorenheit steigen in mir auf. Auf dem Gipfel der Konfrontation teilt mir die Teamerin mit, dass ich keine Tour alleine leiten werde. Das trifft mich wie ein Fausthieb in den Magen.

Aber aufgeben ist keine Option. Ich kenne meine Stärken, schließlich habe ich in Australien auch schon so manchen Rückschlag überwunden. Also gehe ich in die Offensive. Ein Anruf beim Chef genügt. Er bestätigt mir, dass er einen anderen Eindruck von mir und meinen Fähigkeiten hat und baut mich wieder auf. Vermutlich kennt er das Problem schon von anderen Teamern und ihr. Unglaublich, wie schnell Selbstbewusstsein Achterbahn fahren kann. Meine Zuversicht ist nach dem Telefonat zurück.

Wird es noch regnen? Unter der Plane bleiben wir auf jeden Fall trocken.

Zwei Tage später sitze ich im Kanu mit einer großen Gruppe Gäste und wir erkunden die schwedischen und norwegischen Seen. Wir haben eine fantastische Zeit zusammen. Die Tour kommt bei allen unglaublich gut an. Natur, Freiheit, Spaß. Die Gäste sind entspannt, genießen die Wildnis und das Wasser. Draußen sein macht einfach glücklich. Sollte nicht das Leben eigentlich immer so sein? So simpel: aufstehen, frühstücken, aufs Wasser schauen, sich von der Sonne wärmen lassen, sich körperlich betätigen, essen, Gemeinschaft, mit anderen lachen, erzählen, eine gute Zeit haben. Miteinander. Hier drehen sich Gespräche um die schönen Inseln, Anglerglück und das Lagerfeuer oder um einen fantastischen Sonnenuntergang. Die Fernsehnachrichten von zu Hause, über Krieg, Konflikte, politisches Gezanke, Steuerverschwendung, Katastrophen und Lottozahlen sind hier nicht existent. Ein Konflikt bedeutet hier, dass sich jemand vor dem Abwasch drückt. Durchaus lösbar im Vergleich zum Nahostkonflikt.

Mal regnet es tagsüber während des Paddelns, mal abends am Lagerplatz. Dann spannen wir eine Plane über unser Lager, sodass wir weitestgehend trocken bleiben und der Regen über uns prasselt. Ich mache mir in diesen Momenten Sorgen, ob die Gäste eine gute Zeit in ihrem Urlaub haben

Frische Pfannenpizza auf der Glut gebacken.

und verteile prophylaktisch Schokolade. Die soll ja glücklich machen. Erstaunlicherweise genießen an Regentagen alle genauso den Urlaub wie an schönen Tagen.

Umsonst gesorgt. Im Grunde sind Sorgen absolute Zeitverschwendung. Vielleicht sollte ich immer die Zuversicht haben, dass alles gut wird? Auch nach Schweden habe ich noch zu vielen Gästen Kontakt und ich treffe mich mit einigen auch nach der Tour noch einmal.

Den Rest des Sommers gehen die Teamerin und ich uns aus dem Weg. Trotz einer fantastischen und vor allem lehrreichen Zeit möchte ich in anderen Strukturen arbeiten und wechsele im nächsten Jahr die Reiseagentur.

Das Saga-Team aus Wuppertal veranstaltet Kanu-Reisen nach ähnlichem Konzept. Schon am Telefon weiß ich, dass ich hier richtig bin. Mona meldet sich, freut sich über meine Erfahrung und meine Motivation und bietet mir direkt eine Tour an. So ein Empfang mit offenen Armen macht mich selbstbewusst und lohnt sich auch für den Arbeitgeber. Vertrauen in Angestellte wird oft mit Einsatz zurückgezahlt.

So leite ich bald darauf eine Tour in Südschweden auf dem ruhigen, von dichtem Wald umgebenen Möckelnsee. Mein Vertrauen in mich selbst hilft mir in einer schwierigen Situation direkt am ersten Paddeltag. Durch eine längere Regenpause am Nachmittag schaffen wir es nicht mehr zu einem offiziellem Lagerplatz. Also nutzen wir das Jedermannsrecht in Schweden und errichten unser Lager auf einer bewaldeten Landzunge. Das Gesetz besagt, dass jeder Mensch legal Wildnis und auch privates Land betreten und nutzen darf. Sogar zelten und Feuer machen ist auf Grund und Boden anderer Leute erlaubt. Bedingung dafür ist vorbildliches Verhalten: nicht zu nah an privaten Häusern zelten und allen Müll wieder wegräumen. Für uns Deutsche ist dieses Recht sehr ungewohnt. Wenn ich mir vorstelle, dass jemand am Ende meines Gartens zelten möchte, wäre ich wahrscheinlich nicht so entspannt. Schon gar nicht, wenn dieser Jemand 18 Leute sind, die sich mit Kanus, Zelten, Feuer und Bierdosen häuslich einrichten.

Unsere Zelte stehen jeden Abend auf einfachen Biwakplätzen direkt am Seeufer.

So wundert es mich nicht, dass in der Dämmerung drei Schweden mit entschlossenen Schritten auf uns zu laufen. »Die werden uns von ihrem Grundstück schmeißen«, sagt die eine Stimme in meinem Kopf ängstlich. »Vielleicht kann ich mit ihnen reden«, sagt die andere. Ich begrüße die Grundstücksbesitzer freundlich, versuche aufwendig vor ihnen unsere Situation zu rechtfertigen, bringe Argumente, warum wir hier zelten müssen, verspreche, den Wald ordentlich zu hinterlassen. Als ich fertig geredet habe, schauen mich die drei immer noch mit großen Augen an. »Kein Problem«, sagen sie zu mir, drehen um und verschwinden wieder in der Dunkelheit. Zuversicht hilft.

Navigieren ist mitunter nicht leicht auf den Seen. Im Boot liegt immer eine Paddelkarte vor mir. Landmarken zur Orientierung sind eingezeichnet und ich versuche konstant, mich zu orientieren, sodass ich immer weiß, wo ich bin. Auch die Lagerplätze sind eingezeichnet, allerdings nicht immer vom Wasser aus zu sehen. Schwierig wird es, wenn mehrere kleine Inseln nebeneinander liegen und wir diejenige finden müssen, auf der sich der Lagerplatz befindet. Aber auch wenn das schon mal eine kleine Slalomfahrt bedeutet, sind alle entspannt im Boot.

Einmal wird es aber doch schwierig. Ich möchte mit der Gruppe den Hauptsee verlassen und durch einen kleinen Zufluss in einen Nebensee paddeln, weil dort ein wunderschöner Campingplatz liegen soll. Im See wächst ein brei-

Am Morgen wird alles wieder wasserdicht verpackt und in den Kanus verstaut.

ter Schilfgürtel, der es unmöglich macht, den Verlauf der Uferlinie abzuschätzen und meine Position auf der Karte zu bestimmen. Erfolglos fahren wir am Schilf entlang und drehen wieder um. Wo ist die blöde Einmündung in den Nebensee? Um nicht völlig orientierungslos zu wirken, beschließe ich, dass wir eine Pause auf dem Wasser machen. Das ist immer sehr beliebt, weil wir die Kanus zu einem gigantischen Floß zusammenbinden. Dann machen wir die Snacktonnen auf und holen Sandwiches, Obst, Kekse und andere Leckereien heraus. Alle strahlen.

Nur ich weiß nicht, wie es weitergeht. Aber ich glaube, dass in jeder schwierigen Situation Zuversicht der erste Schritt zur Lösung ist. Dadurch atmet man ruhiger, der Herzschlag beruhigt sich und die Verspannung im Gesicht weicht einem Lächeln. Ab jetzt fokussiert sich das Gehirn weg vom Problem zur Lösung hin. Ich melde mich kurz bei der Gruppe ab. Als ich um die Uferbiegung gepaddelt bin, wird meine Zuversicht belohnt. Der Möckeln war bisher menschenleer. Keine anderen Paddler. Keine Motorboote. Aber genau jetzt fahren zwei Kanus zielstrebig über den See auf den Schilfgürtel zu. Sie verschwinden im grünen Dickicht. Ich fahre hin und erkenne eine verwachsene Durchfahrt. Problem gelöst. Zuversicht hilft. Mal wieder.

Ein Jahr später werde ich in Frankreich auf der wunderschönen Dordogne eingesetzt. Diese entspringt im Zentralmassiv und mündet in der Nähe von Bordeaux in den Atlan-

tik. Hier laufen die Kanutouren ähnlich ab, nur dass es in Frankreich doch wesentlich sonniger ist und dass ich die dicke Fleecejacke zu Hause lassen kann. Kein Wind, keine Wellen, kaum Regen. Dafür gibt es Rotwein fast geschenkt. Und es wird bequemer. In Schweden besteht ein Lagerplatz aus einer winzigen Windschutzhütte, einem Plumpsklo und einer betonierten Feuerstelle. Ansonsten Wald und Wiesen. In Frankreich liegt ein gut ausgestatteter Campingplatz immer in der Nähe des Ufers. Am Flusslauf gibt es Paddler-Cafés, wo wir die Tour für einen richtigen Café au lait unterbrechen können.

So schön angenehm Frankreich auch ist, in mir schreit es nach Herausforderung. Da kommt mir Michael mit seiner Idee, diese versteckte Höhle in der Klippe zu erkunden, gerade recht.

Anfangs können wir gebückt laufen. Danach wird der Tunnel schmaler. Wir beginnen zu krabbeln. Vom Eingang der Höhle scheint noch ein bisschen Licht in den Gang hinein, das schwächer und schwächer wird, bis es völlig aufgebraucht ist. Wir leuchten mit unseren beiden Taschenlampen. Ich krabbele vor Michael. Es ist nichts zu sehen außer den nackten Felswänden. Der Gang wird noch flacher. Ich fange an zu robben. Michael robbt direkt hinter mir.

Ich frage: »Michael, du warst wirklich schon mal vorher in dieser Höhle hier?«

Mit einer Paddelgruppe auf der Dordogne in Südfrankreich.Wir übernachten auf Campingplätzen, trinken Café au lait und viel Rotwein. Paddeln in Frankreich ist purer Genuss.

Er bejaht.

Vor mir wird die Höhle noch flacher, das Robben somit noch schwieriger. Ich trage allerdings noch die Schwimmweste vom Paddeln. Diese hat meinen Oberkörper bisher beim Robben vor dem steinigen Boden geschützt. Jetzt, wo vor mir der Gang noch schmaler wird, denke ich: Wenn ich die Schwimmweste anbehalte, könnte ich steckenbleiben. Kein Vor und Zurück mehr – den Gedanken möchte ich nicht zu Ende denken. Also versuche ich liegend, mit vorsichtigen Bewegungen aus der Schwimmweste hinauszuschlüpfen. Nun schiebe ich sie vor mir her und robbe weiter nach vorne. Der pechschwarze Tunnel ist jetzt keine 40 Zentimeter mehr hoch. Vor mir kommt eine Steigung, nun müssen wir auch noch bergauf. Mit der einen Hand schiebe ich die Schwimmweste von mir her, mit der anderen versuche ich mich vorsichtig etwas nach oben zu ziehen. Michael ist immer noch direkt hinter mir. Nur das künstliche Licht der Taschenlampen erhellt den Gang. Dann öffnet sich der enge Tunnel in die besagte Höhle.

Die eigentliche Höhle ist ein ungefähr zwei mal zwei Meter großer Raum, vielleicht vier Meter hoch. Ich setze mich auf den feuchten Boden und warte, dass Michael aus dem Gang zu mir empor robbt.

Auf einmal schießen mir Gedanken durch den Kopf. Was, wenn Michael jetzt stecken bleibt? Was, wenn er einfach nicht aus dem Gang raus kommt? Dann gibt es für mich auch kein Zurück. Mein Herz schlägt schneller. Nur dieser eine Tunnel führt wieder ans Tageslicht. Es gibt keinen weiteren Ausgang.

In der Decke der Höhle leben einige Fluginsekten. Sie sehen aus wie große Schnaken. Das ist doch ein Zeichen für eine Sauerstoffzufuhr irgendwo? Oder nicht? Wie lange reicht der Sauerstoff noch, wenn es keine Frischluftzufuhr gibt? Meine nächsten Gedanken machen es noch schlimmer: Niemand weiß, wo wir sind. Niemand hat gesehen, welchen Gang wir genommen haben. Wir haben niemandem Bescheid gesagt.

Entschlossen beginne ich mich an eine Meditation zu erinnern. Ich nehme lange, tiefe Atemzüge. Lasse eine bewusste Pause zwischen jedem Atemzug und schließe die Augen dabei. Ich konzentriere mich auf die Schwärze vor mir und versuche alle Gedanken, die in meinen Kopf schießen, auszublenden. Zuversicht steigt in mir auf. Michael wird nicht stecken bleiben und wir werden wieder herauskommen. Zuversicht hilft.

Als ich die Augen öffne, erhellt Michaels Taschenlampe die kleine Höhle. Er hat es geschafft. Direkt neben mir steht er und strahlt.

»Und – ist das nicht eine tolle Höhle?«, fragt er.

Ich sehe ihn an. Meint er das jetzt ernst?

In dieser Höhle gibt es nichts. Keine Stalagmiten, keine Stalaktiten. Keine Kristalle, keine Fossilien, nichts. Nur nackte Felswände mit Schnaken. Wirklich nichts, wofür es sich gelohnt hätte, in diese Höhle zu kriechen.

»Ja ist wirklich eine super Höhle, sehr abenteuerlich. Lass uns wieder raus«, sage ich.

Ohne wertvolle Atemzeit zu verschwenden, verschwinde ich kopfüber wie ein Maulwurf wieder in dem Gang. Ich robbe

Ein paar Stromschnellen sorgen für Abwechselung.

bergab, kann nach einiger Zeit kriechen, dann gebückt gehen. Schließlich trete ich aufrecht ins Tageslicht. Vor mir die Dordogne: Licht, Wasser, Sonne. Das Leben.

»Das war noch mal eine tolle Erfahrung«, flunkere ich zu Michael, als der wieder neben mich tritt. Heimlich denke ich mir: Habe ich das jetzt wirklich gesagt? Aber bekanntlich ist ja der Weg das Ziel.

Wir klettern von dem kleinen Balkon zurück auf den Boden und gehen zu unseren Kanus. »Alle Mann weiterfahren!«, rufe ich. Die anderen steigen entspannt in ihre Boote, den Rotweinschlauch auf ihren Packsäcken. Sie ahnen nicht, dass da oben ein echtes Abenteuer gewartet hat.

Was ich gelernt habe:

› Ich möchte da leben, wo sich Gespräche um den Sonnenuntergang drehen.

› Eine Führungsposition bringt auch Verantwortung für andere mit sich.

› Höhlen sind überbewertet.

14

Bleibt unabhängig!

Reise nach Panama

Ich bin froh, dass mir ein frischer Reisewind um die Ohren weht. Endlich bin ich wieder unterwegs! Die letzte Zeit war aufreibend. Mein offizieller Universitätsabschluss ist keine Woche alt. Ich habe alle Prüfungen hinter mich gebracht. Gemischte Gefühle stellen sich ein. Da sind Freude und Erleichterung, meine Zukunft so realisieren zu können, wie ich mir das vorgestellt habe. Ich muss nie wieder in meinem Leben eine Klausur schreiben. Aber es ist auch der Tag, der eine großartige Lebensphase beendet, denn ich habe das Studentenleben sehr genossen.

Münster ist einfach die perfekte Studentenstadt. 55.000 junge Menschen bestimmen das Stadtbild. Während des Semesters fahren Horden Studierender auf ihren Fahrrädern zur nächsten Vorlesung oder in meinem Fall zur Sporthalle. Oder zur Mensa, zum Café, den vielen Parks oder zum Aasee, dessen einladendes Ufer fast an die historische Altstadt grenzt. In dieser Stadt lerne ich interessante Menschen kennen, die mich inspirieren, unterstützen und mit denen ich ein Stück meines Weges teile. Ich hätte mir keinen schöneren, grüneren und lebendigeren Ort für meine fünf Studentenjahre vorstellen können.

Zum Glück ist nur meine Studentenzeit vorbei, nicht aber die Zeit in meiner westfälischen Oase. In zwei Monaten wird mein Referendariat beginnen. Ich habe eine Stelle für meine Fächer Englisch und Sport an einem Gymnasium im beschaulichen Lüdinghausen zugeteilt bekommen, sodass ich von Münster aus mit dem Bus pendeln kann.

Mein WG-Zimmer habe ich gekündigt, meine überflüssigen Besitztümer verkauft und den Rest im Keller meiner ehemaligen Mitbewohner eingelagert. Nach der Reise soll Schluss sein mit Studentenwohnungen. Ich finde, mit dem Berufseintritt ist ein guter Zeitpunkt gekommen, um auch noch einen weiteren Schritt zu wagen. Ich möchte mit meiner Liebsten zusammenziehen.

Julia und ich sind seit fünf Jahren ein Paar. Bisher haben wir in verschiedenen WGs in Münster gewohnt. Kennengelernt haben wir uns, wie könnte es anders sein, auf einer

Reise. Wir haben beide einen Segelkurs in der Jugendherberge am Zwischenahner Meer gebucht. Am Anreisetag warte ich vor der Herberge auf den Kursbeginn. Sofort fällt mir dieses eine Mädchen auf, das gut gelaunt aus dem Taxi steigt. Ich hoffe inständig, dass sie auch den Kurs gebucht hat. Ja, hat sie – was für ein Glück! Am nächsten Tag stehen alle Kursteilnehmer auf dem Steg vor den Booten. Wir sollen uns einen Partner für die Kenterübung suchen. Das ist meine Gelegenheit! Lächelnd sagt sie ja. Kurz darauf finden wir uns im Wasser wieder und stehen vor unserer ersten gemeinsamen Aufgabe: das gekenterte Boot wieder aufrichten. Danach segeln wir gemeinsam und finden uns beim Abendessen rein zufällig immer am selben Tisch wieder. In den Mittagspausen treffen wir uns, um für die mündliche Abschlussprüfung zu lernen. Am Ende des Kurses sind wir die einzigen, die im ersten Anlauf durch die Theorieprüfung fallen. Ob es da wohl einen Zusammenhang gibt?

Wir beide sind gerne unterwegs, um mit allen Sinnen zu erleben und genießen. Julias Radius hat sich dabei bisher auf Deutschland und seine Nachbarländer beschränkt. Nach unserem ersten Urlaub an der Nordseeküste stecke ich Julia mit meinem Fernreisefieber an. Reisen wird unsere gemeinsame Leidenschaft, die uns noch stärker verbindet. In Kenia erleben wir die faszinierende Savanne und die riesigen Tierherden in den Nationalparks. Julia ist ihr erstes Erlebnis außerhalb von Europa fast schon zu groß, so fremd und exotisch ist Ostafrika.

Doch zum Glück will sie mehr. Vor meinem Auslandssemester in Los Angeles überzeuge ich sie von einem gemeinsamen Roadtrip durch die Canyonlandschaft der USA. Meine Art zu reisen, also auf der Rückbank des Autos zu schlafen, um sich die Hotelkosten zu sparen, findet sie aufregend. Nur anfangs verflucht sie die Hitze und die unkontrollierbare Alarmanlage des Wagens, die vorzugsweise nachts aufheult.

Im sonnig entspannten Thailand haben wir die größte Schnittmenge unserer Leidenschaften: Wir schwimmen und schnorcheln im Meer. Jede Mahlzeit genießen wir an den Garküchen. Wir nächtigen in einem Baumhaus und in schwimmenden Hütten auf einem See. Es ist einfach schön, mit jemandem zu reisen, der mir so vertraut ist. Es ist anders als bei den vielen losen Reisegefährten in Australien und Neuseeland. Wir können uns immer aufeinander verlassen, können unsere Pläne und Wünsche gemeinsam durchsprechen und manchmal auch durchstreiten. Meistens bin ich der Motor, der die Reiseplanung macht und die Umsetzung mit Transporten und Unterkunft realisiert. Julia kümmert sich um die vielen kleinen Dinge, die den Reisetag schön machen.

Jetzt also ist wieder Reisezeit. Die zwei Monate bis zum Beginn meines Referendariats wollen wir für unsere gemeinsame Leidenschaft nutzen. Wie immer recherchiere ich die Flugpreise für alle Ziele, die mich gerade besonders locken. Diesmal soll es möglichst Lateinamerika werden. Ein WG-Mitbewohner hat mir so von der Region vorgeschwärmt. Am Ende lasse ich den günstigsten Preis über das Reiseziel entscheiden und buche einen Flug nach Panama-Stadt.

Die einzige Assoziation, die ich bisher zu Panama habe, ist die süße Kindergeschichte von Janosch, in der Tiger und Bär ihrem Traum von der Ferne hinterherjagen und dabei ihre heimatliche Welt neu kennenlernen. Das passt ja auch irgendwie zu uns. Nach der Flugbuchung überlegen wir mithilfe von Reiseführern und Internetseiten, welche Orte wir spannend fänden, um dann meistens vor Ort doch alles anders zu machen. Ich fliege nach Panama-Stadt vor und lerne erfreut, dass bei 24 Stunden Flugverspätung der Flugpreis komplett erstattet wird. Julia folgt mir aus beruflichen Gründen erst ein paar Tage später. Mein Reisedurst und das deutsche Novemberwetter lassen mich einfach nicht abwarten.

Viele internationale Firmen haben in diesem Steuerparadies ihren Hauptsitz und so ragt ein moderner Wolkenkratzer neben dem anderen im Stadtzentrum empor. Nach lockerer Bebauung ringsherum folgt dichter grüner Dschungel und dann das Meer. Die Liste der Tiere, die ich hier nur

Kindergeburtstag bei den Kuna – Julia und ich werden eingeladen.

eine halbe Stunde von den Hochhäusern entfernt auf Morgenwanderungen durch den Regenwald beobachte, ist lang: Tukane, Brüllaffen, Faultiere, Kolibris, Pfeilgiftfrösche, Schildkröten und Schlangen.

Die vorgelagerte Insel Taboga ist gut per Fähre zu erreichen und ihre Strände sind ein Badeparadies. Auf einer Wanderung durchs dichte Grün des Inselinneren trete ich nur Zentimeter neben eine handtellergroße Vogelspinne. Fasziniert und angeekelt zugleich erstarre ich in meiner Bewegung. In meiner Trekkingsandale ist mein nackter Fuß ungeschützt. Anders als damals in Kuranda weiß ich sicher, dass sie giftig ist. Genau wie damals passiert nichts. Filigran verschwindet die Spinne vom Weg ins Dickicht. Diese Situation wiederholt sich exakt so noch drei Mal, bis ich das Gipfelkreuz erreiche. Mit jedem Mal werde ich entspannter.

Auch die Schleusen des weltbekannten Panamakanals sind ein lohnendes Ausflugsziel. Riesige Frachtschiffe mit Türmen aus Containern durchqueren den Kanal, den die Amerikaner vor gut hundert Jahren gebaut haben. So sparen sich Schiffe den langen Weg um Südamerika herum, wenn sie vom Pazifik in den Atlantik wollen. An den Miraflores-Schleusen fluten gewaltige Wassermassen die Kammern und gleichen die unterschiedlichen Höhenniveaus im Kanal aus. Von der Besucherterrasse beobachte ich das Steigen und Fallen der Schiffe. Allein Panama-Stadt und die unmittelbare Umgebung sind eine Reise wert.

Eine Tankstelle im San-Blas-Archipel.

Unser Hostel bietet einen Transfer zu einer ganz besonderen Region an, von der ich nicht die Finger lassen kann: »Autonome Region Comarca de la Kuna Yala.« Was für ein Klang. Hier lebt ein Indiovolk namens Kuna. Selbstbestimmt bewahrt es sein Land, seine Traditionen und Lebensweise und das alles auch noch auf traumhaften Karibikinseln. Sofort sind wir uns einig: Da müssen wir hin!

Entscheidungen können auf Reisen ja so schnell fallen. Direkt am Morgen nach Julias Ankunft verlassen wir die Dunstglocke der Metropole. Wir begeben uns an die Karibikküste in die autonome Indioregion.

Nach einer langen Jeepfahrt durch die Hügel erreichen wir dichten Wald. Wir passieren Checkpoints, wo bewaffnete Kuna kontrollieren, wer ihre Region betritt und wer sie verlässt. Es gab in der Vergangenheit Ärger mit illegalen Waldrodungen, Landräubern und Goldsuchern. Die Einwohner haben alle Eindringlinge erfolgreich von ihrem Land vertrieben, ohne dass die Regierung Panamas groß geholfen hätte. Immerhin haben die Kuna etwas erreicht, was so kaum ein anderes indigenes Volk in Süd- und Mittelamerika geschafft hat: den Besitz eines Autonomiestatus. Sie verwalten ihr Gebiet selbst, ohne in der panamaischen Gesellschaft unterzugehen. Für die Durchsetzung ihrer Interessen entsenden sie eigene Volksvertreter ins Parlament.

Im Dorf auf der Insel Carti.

Wir erreichen einen unscheinbaren schmalen Fluss im Wald, wo ein paar Männer hocken, lachen und warten. Julia und ich steigen in ein langes, schnelles Holzboot um. Unter lautem Knattern und Gestank des Dieselmotors pflügt es durchs braune Wasser. An einer völlig einsamen Stelle mitten im Wald steigen wir noch einmal in ein anderes Boot um. Der Fluss weitet sich. Er mündet ins offene Meer und wir fahren durch die diesige schwere Luft hinaus in die Wellen. Schnell taucht die Hauptinsel vor uns am Horizont auf. Wir erreichen Carti, die Hauptstadt des Inselreiches der Kuna. Der Motor tuckert nur noch langsam und unser Kapitän scheint jemanden an Land zu suchen.

Jeder Zentimeter der winzigen Insel ist überbaut. Das Ufer ist mit Holzstegen und Stelzenhütten gesäumt. Als erstes fällt mir der viele Plastikmüll auf, der überall herumliegt. Auch im Meer wabert ein Teppich aus Plastik herum. Neben der Bootstankstelle wartet ein Transportboot, auf dem viele Kunafrauen sitzen. In ihrer Tradition herrscht ein Matriarchat. Entgegen üblicher Vorstellungen im deutschen Sprachgebrauch heißt das allerdings nicht, dass die Frauen hier regieren. In erster Linie bedeutet es, dass zur Hochzeit der Mann auf die Insel der Frau zu deren Familie zieht. Das Wahlrecht wiederum besitzen traditionell die Männer. Sie vertreten die Familie nach außen.

Die Gewänder der Kunafrauen leuchten in intensiven Farben.

Im Alltag der Kuna herrscht – wie in vielen anderen Kulturen – eine strenge Geschlechtertrennung. So schaut das ganze Boot in eine andere Richtung, als wir anlanden. Kunafrauen sprechen nicht mit Fremden und haben auch keinen Blickkontakt mit ihnen. Ihre prachtvollen Gewänder leuchten in der Sonne. Sie tragen orangefarbene Wadenstulpen, darüber bunte Wickelröcke, pinkfarbene Hemden und kunstvoll verknotete Kopftücher. Auf ihre Kleider sind farbenprächtige Tücher aufgenäht, die Molas heißen. Viele der Frauen zieren sich mit einem goldenen Nasenring.

Julia und ich werden von Ina abgeholt, einem stämmigen, freundlich lächelnden Mann, der uns mit seinem Boot durch die Inselwelt fährt. Boote sind das einzige öffentliche Verkehrsmittel in der Region. Die Kuna leben auf über 300 Inseln verteilt. Jede ist gerade groß genug, dass ein paar Kokospalmen und Strandhütten drauf passen. Viele Inseln sind aber auch unbewohnt.

Ich genieße die Fahrt. Der Wind weht in unser Gesicht und vermittelt mir ein Gefühl von Freiheit. Vor uns liegt das Abenteuer. Wir lassen uns einfach in die fremde Welt fallen.

Der Himmel ist bedeckt, über dem Festland in der Ferne hängen dicke schwarze Wolken. Das Licht liegt diffus auf dem glatten Wasser. An einer Insel nach der anderen fahren wir vorüber, bis wir an Inas Zuhause anlanden. Hier wohnen

Mit Julia zu reisen, hat eine besondere Qualität.

wir in einer kleinen Strandhütte. Der Fußboden ist aus Sand, die Decke ein paar Holzbretter. Statt einer Tür verschließt eine bunte Stoffbahn den Eingang. Der Strom kommt von einer kleinen Solarzelle, die tagsüber Energie gewinnt und in einer Autobatterie speichert.

Die Insel ist ein Karibiktraum: Palmen, weißer Strand, türkises Wasser, bunte Fische. Im seichten Wasser sehen wir in einem hohlen Baumstumpf eine glückliche Languste, die Ina noch nicht entdeckt hat. Denn die Kuna sind Weltmeister im Fischen. Sie genießen ihren Fang immer am gleichen Tag. Kühlschränke gibt es in diesem Inselparadies nicht. Beim Jagen sind sie sehr geschickt. Oft holen sie Langusten und große Krebse aus bis zu 18 Metern Tiefe. Dabei tauchen sie bis zu zwei Minuten lang. Wenn sie unter Wasser eine Languste finden, legen sie ihr ein Auftriebsgeschirr an, sodass das Tier an die Wasseroberfläche treibt. So brauchen die Helfer im Boot nur noch einzusammeln. Einen Teil des Fanges verkaufen sie am Festland. Dieser Fischfang und der Tourismus sind die einzigen Einnahmequellen der Menschen hier. Ina versichert mir, dass sie alles Geld in die Bildung ihrer Kinder stecken. Auch eine kleine Krankenstation wird hier finanziert. Leider ist die Kindersterblichkeit deutlich höher als im Rest von Panama. Das ist der Preis, den die Menschen hier für ihre Unabhängigkeit und Abgeschiedenheit vom Festland und somit zum staatlichen Gesundheitssystem zahlen.

Unsere Hütte ist einfach, aber Stress ist hier ein Fremdwort.

Organisierter Tourismus ist durchaus vorhanden. Allerdings ist der Zugang sehr beschränkt. Nicht viele Menschen verirren sich auf die San-Blas-Inseln, wie die Region auch genannt wird. Die einfachen Verhältnisse schrecken viele Besucher ab. Es gibt hier keine Bars, keine Partys und so gut wie keinen Strom, damit auch kein Internet. Die Kuna reißen sich kein Bein aus für den Luxus von Touristen. Entweder das Paradies gefällt dir so, wie es ist, oder du brauchst nicht zu kommen. Auch eine Art der Unabhängigkeit. Woran es allerdings nicht mangelt, ist das Lächeln der Menschen und ihre gastfreundliche Art.

Die Kuna möchten von ihren Besuchern verstanden und als das angesehen werden, was sie sind: eine unabhängige Kultur in Mittelamerika, gleichberechtigt mit allen anderen.

Auf den San-Blas-Inseln leben wir einige Zeit zwischen den Einheimischen und unter genauso einfachen Bedingungen. Unsere Insel können wir in ein paar Minuten umrunden. Etwa 20 Menschen leben hier zusammen mit ungezählten Kokospalmen. Wir sehen den Pelikanen beim Stoßtauchen zu. Am Strand finden wir Muscheln, die farbenfroh in der Sonne glänzen. Hinter unserer Hütte wohnt ein Schwein in einem kleinen Verschlag, das sich laut grunzend über unseren Besuch freut.

Und vor allem eins gibt es hier: Meeresfrüchte. Täglich essen wir Langusten, Krabben oder Fisch mit Kokosflocken. Alles kommt frisch aus dem Meer, frischer geht es nicht. Ina fährt uns mit seinem Boot jeden Tag zu einer anderen Insel. Während wir schnorcheln, Schiffswracks erkunden, Seesterne zählen oder wetteifern, wer die größten Muscheln findet, fischt er für das Abendessen.

Als wir an einem Nachmittag die Hauptinsel besuchen, gibt uns Ina klare Regeln mit, wie wir uns in seiner Kultur verhalten sollen. Die Kuna bestehen auf ihrer klaren Trennung vom Rest der Welt. Wir sollen ungefragt keine Fotos

Kokospalmen und Strand – mehr brauchen wir auf unserer Insel nicht.

Fang des Tages: Langusten gibt es im Überfluss.

von Einheimischen machen, nicht mit den Frauen sprechen oder von der Hauptstraße weggehen. Dafür sehen wir einen Kindergeburtstag auf offener Straße. Ein Junge schlägt so lange auf eine Piñata ein, bis endlich genug Bonbons rausgefallen sind. Das Zerschlagen dieser mit Süßigkeiten gefüllten Pappmaché-Figuren ist ein weit verbreitetes Geburtstagsspiel in Lateinamerika. Ein paar Gebräuche scheinen also auch in die Inselwelt eingewandert zu sein.

Ich habe auf meinen Reisen auch schon häufig gesehen, wie alte Traditionen als Touristenattraktion benutzt werden, ohne dass noch ernsthafter Sinn dahintersteckt. Da gibt es bunt verkleidete Menschen mit Kopfschmuck, die für kleines Geld vor Touristen tanzen und danach wieder in Jeans und T-Shirt schlüpfen. Ebenso habe ich Frauen gesehen, denen Giraffenhälse gewachsen sind, weil ihnen von Geburt an mehr und mehr goldene Reifen um den Hals gelegt wurden. Sie sitzen in Souvenir-Shops, damit die Besucher Fotos machen können und mehr

kaufen. In Australien erinnere ich mich an Aborigines, die vom Alkohol abhängig durch die Innenstädte torkeln. Und immer wieder vertreiben landgierige Konzerne Volksstämme, denen dann ihre Lebensgrundlage fehlt. Es gibt hunderte Beispiele auf diesem Planeten, wo die Menschen vom System lange abgehängt sind. In der Region Comarca de la Kuna Yala ist das anders. Die Kuna leben ihre Kultur. Und sie teilen sie bereitwillig mit ihren wenigen Gästen. Ich möchte ihnen zurufen: »Bleibt unabhängig! Auch wenn mittlerweile Kreuzfahrtschiffe durch eure Gewässer ziehen.« Denn Unabhängigkeit wird uns nicht von außen zugestanden. Sie ist unsere innere Haltung.

Was ich gelernt habe:

› Segeln zu lernen, war die beste Idee meines Lebens.

› Es lohnt sich, nach authentischen Orten zu suchen.

› In der Karibik schmecken sogar mir Meeresfrüchte.

15

Du oder ich

Tigerbegegnung in Nepal

Die Hitze flimmert. Auf dem Kies steht die Luft zum Zerschneiden dick. »There! There!«, ruft unser Guide. Meine Bewegungen erstarren. 80 Meter Distanz. Er schaut uns direkt an. Adrenalin pur. Reglos liegt er auf dem warmen Sand. Nimmt seine Augen keinen Zentimeter von uns...

15 Stunden Nachtbusfahrt liegen hinter mir und Julia. Wir haben Lumbini, den Geburtsort Buddhas, hinter uns gelassen. Julia fühlt sich sprichwörtlich gerädert. Sie hat sich von ihrer Amöbenerkrankung aus den unhygienischen Bedingungen im indischen Varanasi noch nicht hundertprozentig erholt. Immerhin schlägt das Antibiotikum langsam an. An einer Weggabelung im Wald hält der Bus. Der Busfahrer nickt uns zu. Julia und ich holen unsere Rucksäcke aus dem Laderaum. Dann verschwindet der Bus im roten Staub der Piste. Wir sehen uns um. Die Weggabelung ist völlig leer.

Hier wollen wir uns mit Krishna treffen. Er holt uns ab, hat er gesagt – aber hier ist niemand. Vielleicht hätten wir doch den Chitwan-Nationalpark besuchen sollen, denke ich mir. Nepal ist eine wahre Schatzkammer auf diesem Planeten. Durch den Süden des Landes zieht sich das Terai, eine fruchtbare Ebene an den Hängen des Himalaya, die von Buschland und Sal-Wald durchzogen ist. Nördlich stemmt sich die gewaltige Bergkette über 8000 Meter hoch und nimmt den größten Teil des Landes ein. Wegen seiner Gipfel steht Nepal auf der Liste vieler internationaler Besucher. Weil der Chitwan-Nationalpark nicht weit von diesen größten Touristenzielen entfernt liegt, ist er überfüllt mit Menschen, die nach ihren Trekkingtouren im Himalaya noch Zeit für einen halben Tag Dschungel haben. Leider zerstören sie so durch ihre schiere Anzahl genau das, was sie suchen: Wildnis, Abgeschiedenheit und unberührten Dschungel, in dem wilde Tiere wie Panzernashörner, bengalische Tiger, Elefanten und Krokodile überleben können.

Daher haben wir lieber die Alternative gewählt. Wir haben gar nicht viel gemacht, um den Bardia-Nationalpark ausfindig zu machen. Ein einfacher Hinweis im Reiseführer hat gereicht: »Hier gibt es die gleichen Tiger, Elefanten

Elefanten werden in Nepal auch als Arbeitstiere eingesetzt.

und Nashörner, nur ohne die Massen.« Massenandrang ist immer schlecht für Tierbeobachtungen, weil sich wilde Tiere von Menschen gestört fühlen und sich tiefer in den Wald zurückziehen. Diese Erfahrung habe ich leider in Waldgebieten in Indien und Thailand machen müssen, wo wir statt versprochener Elefantenbeobachtungen einen schönen aber tierfreien Dschungelspaziergang gemacht haben. Wenn auf dem Weg die bunten Armreifen indischer Frauen klimpern, das laute Gerede italienischer Touristen und deutsches Motzen über viel zu wenig Tiere durch den Wald schallen, würde ich mich als Elefant auch zurückziehen.

... Sein Blick ist wachsam, abwägend durchdringend. Nur das flache, steinige Kiesbett zwischen uns, keine Gitterstäbe, keine Scheibe, kein schützendes Auto, keine Waffen. Schutzlosigkeit. Nur er und wir...

Krishna und Papu holen uns auf Motorrädern ab. Die beiden sind Anfang 20, Lederjacke, Sonnenbrille, breites Grinsen. Sie sind das, was wir heute Start-up-Gründer nennen. Wir fahren zu ihrem Camp, das sie vor kurzem eröffnet haben. Hier stehen acht Zelte und ein kleines Haus, wo Krishnas Cousin Essen für die Besucher zaubert.

Unser Zuhause im Camp.

Abends besprechen wir den folgenden Tag und welche Chancen es gibt, Tiere zu sehen. Wir besuchen den Park gegen Ende der Trockenzeit. Perfekt für uns, da die Tiere zum Trinken an die wenigen verbliebenen Wasserstellen kommen. Große Herden Hirsche leben im Park, die bevorzugte Nahrung von Tigern.

In den Wäldern gibt es noch kleine Populationen von Waldelefanten. Papu seufzt. »Elefanten sind sehr gefährlich. Besser, wir sehen sie nicht. Letztes Jahr haben sie zwei Besucher getötet.«

Ein Panzernashorn werden wir auf jeden Fall sehen. Am Eingang des Parks steht ein Gehege mit einem Tier, das letztes Jahr einen einheimischen Bauern getötet hat.

»Aber am gefährlichsten sind Tiger«, sagt Papu. »Du kannst nichts machen, um sie abzuwehren. Sie sind sehr stark, wirklich groß. Normalerweise kommen sie aber nicht zu Menschen, da sie sehr schüchtern sind.«

Julia und ich schauen uns verunsichert an. Das klingt alles doch ein bisschen gefährlicher, als wir es uns vorgestellt haben.

Die Brücke ist der Zugang vom Camp zum Bardia-Nationalpark.

... Es steht drei zu eins. Wir haben zur Verteidigung Stöcke, die mir gerade wie Streichhölzer vorkommen, verglichen mit der Kraft, die uns direkt anschaut. Wir können abwarten, laufen und klettern. Das sind unsere Optionen. Nicht mehr und nicht weniger...

In der Morgendämmerung betreten wir den Nationalpark. Gemeinsam mit Papu waten wir durch einen Fluss, der die Parkgrenze festlegt. Auf Geheiß unseres Guides haben wir sehr viel Wasser dabei. Er hat uns auf einen langen Marsch unter sengender Sonne im offenen Buschland vorbereitet. Zunächst wandern wir durch einen lichten Wald, wo uns eine Schar Nashornvögel anschreit. Nashörner wären zwar spektakulärer, aber auch die großen Vögel sind eindrucksvolle Tiere. Wir laufen viele Stunden durch das Buschland. Papu kennt etliche Stellen, wo sich eine Pause lohnt, um auf Tiere zu warten. An einem See staksen Hirsche durch eine flache Querungsstelle. Am Ufer spielt eine Affenfamilie. Ein gewaltiges Krokodil liegt mit weit geöffnetem Maul in der Sonne und wärmt sich auf.

Wir laufen weiter und schwitzen dabei. In der Abenddämmerung verlassen wir den Park. Wir sind enttäuscht. Eigentlich war es ein schöner Tag. Unsere Wanderung führte durch herrliche Natur und wir haben Tiere beobachtet. Wir könnten uns glücklich schätzen – wenn da nicht diese Erwartungshaltung wäre. Tiger, Elefanten, Nashörner wollten sich einfach nicht zeigen.

Und das ist leider ein grundsätzliches Problem mit unseren Erwartungen. Gehen wir nach draußen und versprechen uns gar nichts von dem Tag, können wir nur positiv überrascht werden. Auf einer früheren Reise durch den Südwesten der USA fahre ich mit Julia nach Las Vegas, wie immer ohne eine Unterkunft vorzubuchen. Da wir bei den ersten Hotels abgewiesen werden, rufen wir eine Buchungshotline an, die USA-weit Zimmer anbietet. Wir haben Glück und ergattern im blinkenden Riviera Hotel ein Zimmer. Da wir das Zimmer nur als Ausgangspunkt für Stadterkundungen nutzen wollen, sind unsere Erwartungen niedrig. An der Rezeption ist das Hotel ebenfalls ausgebucht. Kurzerhand bekommen wir ein Upgrade. Wir nächtigen in der Suite, mit zwei Schlafzimmern, Wohnzimmer und Jacuzzi. Obwohl wir nur wenig Geld bezahlt haben, fühlen wir uns wie die Könige von Las Vegas. Wenn ich heute nach einem besonderen Hotel gefragt werde, fällt mir immer diese Begebenheit ein. Ein Glücksgefühl, ausgelöst durch weit übertroffene Erwartungen.

Ranger patrouillieren im Park auf Reitelefanten.

Aber Erwartungen können schnell zum Problem werden. Werbung befeuert sie stark, insbesondere Social Media. Großartige Bilder von emotional herausragenden Momenten werden hier geteilt. Die Accounts gehören scheinbar ganz normalen Leuten. In Wirklichkeit stecken oft aufwendige Inszenierungen dahinter: Models, Bühnenbildner, Fotografen. Die Aufträge stammen von großen Unternehmen, die den Eindruck vermitteln wollen, das alles sei spontan, einfach und normal. Der Effekt wirkt. Das alles wollen wir natürlich auch für unser Leben.

Aber das Leben schuldet uns rein gar nichts. Keinen Sonnenschein für unsere Grillparty und keine Busverbindung, wenn wir in Eile sind. Erst recht schuldet es uns keinen Tiger nach stundenlanger Suche und Reisestrapazen. Stehe ich morgens mit diesen Erwartungen auf, werde ich vermutlich schnell enttäuscht. Vielmehr lohnt es sich, mit offenem Herzen statt Erwartungen durch die Welt zu gehen. Werden meine Wünsche doch erfüllt, freue ich mich und nehme sie dankbar an.

Nach einem Pausentag gehen wir noch einmal los. Diesmal ist Krishna unser Führer. Wieder waten wir durch den Fluss. Wieder werden wir von den Nashornvögeln begrüßt. Heute laufen wir andere Wege. Irgendwann gelangen wir doch an denselben See. Vielleicht kommt ja ein Nashorn zum Trinken. Krishna unterhält sich mit einem Ranger, der den Park vor Wilderern schützt. Er habe heute Morgen ein Nashorn in einem ausgetrockneten Flusslauf in der Nähe gesehen, erzählt der.

Wir folgen seinem Rat und setzen uns in Bewegung entlang des schlammigen Ufers. Krishna findet frische Fußabdrücke im Matsch. Wir nehmen die Route entlang der Böschung eines ausgetrockneten Flusslaufs. Krishna will erst einmal vorsichtig alleine nachsehen, ob das Nashorn in der Nähe ist. Zur Sicherheit sollen wir in einen Baum klettern, was wir auch tun. Wir warten in der Krone. Einige Zeit später kommt Krishna wieder. Er hat ein paar frische Hinterlassenschaften gefunden. »Das Nashorn muss sehr nahe sein«, meint er. Wir gehen alle drei auf das Kiesbett.

Dann ist er da, der Moment. »Tiger! Tiger! Tiger!«, ruft Krishna und wedelt mit den Armen. Ich schaffe es kaum, meine Kamera hochzuheben.

Nach Augenblicken, die sich wie Stunden hinziehen, machen wir eine vorsichtige Bewegung rückwärts. Der Tiger springt auf, setzt eine Tatze vor die andere. Immer noch wendet er seinen Blick nicht von uns ab. Mein Herz schlägt am Maximum, alle Muskeln spannen sich an. Bedächtig schreitet er über die Steine halb zu uns, halb Richtung Böschung. Elegant. Lautlos. Abwägend. Ein großer bengalischer Tiger. Er verschwindet dann einfach im Busch. Ganz so, als wenn er uns zu verstehen geben wollte, dass er gerade keine Lust hatte, uns zu verspeisen. Oder war er tatsächlich schüchtern?

Ein Panzernashorn streift durchs Buschland.

Eine Minute hat unsere Begegnung gedauert. Eine Minute, an die ich bis heute oft zurückdenke. Gerade mal drei Fotos habe ich hinbekommen, so intensiv war diese Begegnung.

Der Tiger ist die Krönung von insgesamt drei Tagen Wandern im Park. Die Nashörner und Elefanten haben wir auch noch gesehen – wenn auch Krishna uns bei den Elefanten keine 20 Sekunden gegönnt hat, bis er uns zum Rückzug drängte. Die sind wohl nicht so schüchtern wie der Tiger.

Die 15 Stunden Busfahrt haben sich gelohnt. Nur sehr wenige Menschen haben das Glück, einen der 3000 in freier Wildbahn verbliebenen Tiger auf diesem Planeten zu sehen. In abgelegenen Teilen Nepals ist es möglich!

Was ich gelernt habe:

› Glück ist, wenn Erwartungen sich erfüllen oder übertroffen werden.

› Für einen Tiger lohnt es sich, Strapazen in Kauf zu nehmen.

› Orte weit abseits der Touristenroute sind oft interessanter als die angepriesenen Highlights.

16

Schildkrötensuche

Zufriedenheit in Sumatra

Was bedeutet Zufriedenheit? Die Karriereleiter hochsteigen, Ansehen genießen, viel Geld verdienen – oder zumindest mehr Geld als der Kollege? Ein schickes Auto, das neueste iPhone besitzen, Business Class fliegen, sodass einen alle ansehen, wenn sie den billigen hinteren Teil des Flugzeugs besteigen? Viele streben danach, oder zumindest teilweise. Aber macht das wirklich zufrieden? Oder geht es dabei nur darum, das Ego zu streicheln? Menschen verkaufen immer mehr ihrer Lebenszeit für materielle Werte. Sie rennen jedes Jahr schneller in ihrem Hamsterrad: länger arbeiten, mehr Geld verdienen, es für Luxus ausgeben, sich besser (als andere) fühlen können.

Für mich ist Zufriedenheit ein wunschloser innerer Frieden. Er wird aber nicht einfach durch die Erfüllung meiner Wünsche erreicht. Ich versuche, die für mich wichtigsten Werte zu leben und dankbar für sie zu sein: Gesundheit, Familie und Freunde, sinnstiftende Arbeit zum Leben, Selbstverwirklichung, Freiheit. Zufriedenheit ist ein langanhaltender Zustand, der daraus resultiert, dass wir unser Leben so leben, wie wir es wollen. Im Gegensatz dazu ist Glück flüchtig. Es kann nur hin und wieder erreicht werden und währt nur kurz. Anstatt Glück sollten wir also viel lieber Zufriedenheit suchen.

Nur ist das leichter gesagt als getan. Obwohl ich mich grundsätzlich als zufrieden bezeichnen würde, schleicht sich doch häufig und heimlich die Begierde in meine Gedanken. Dabei geht es mir nicht so sehr um konkreten materiellen Reichtum. Mich ruft die Welt. Ich würde gerne noch so viel mehr Länder bereisen, noch so viel mehr Erfahrungen machen, noch so viele Menschen und ihre Kultur kennen lernen. Reisen lässt mir einfach keine Ruhe.

Konkret habe ich da lange einen ganz bestimmten Traum. Ich möchte gerne auf einer einsamen Insel Meeresschildkröten bei der Eiablage beobachten. Ich liebe Schildkröten und bewundere ihre eleganten Schwimmbewegungen. So oft schon habe ich sie beim Schnorcheln gesehen. In Costa Rica soll es wohl sehr spektakulär zugehen. Dort kommen im Sommer in einer mondlosen Nacht hunderte der Tiere an einen ganz bestimmten Strand. Die Körper bedecken förmlich den gesamten Sand. Sie graben eine Kuhle und legen ihre Eier hinein. Genauso lautlos, wie sie gekommen sind, kriechen sie zurück ins Meer und schwimmen fort. Nach zwei Monaten hat der warme Sand die Eier ausgebrütet und die kleinen Schildkrötenbabys schlüpfen und verschwinden in den Wellen.

Ich scheine nicht der einzige Mensch zu sein, der Interesse an diesem Naturschauspiel hat. Dieses Verlangen wird in einigen Ländern kommerziell genutzt und damit zu einem Problem. Wenn zu viele Beobachter an solch einem Strand sind, dann kann das die Schildkröten abschrecken, den Strand aufzusuchen. Passiert das ein paar Nächte in Folge, kann das dazu führen, dass die Tiere ihre Eier verlieren. So etwas will ich nicht unterstützen. Overtourism hat schon viele Orte auf diesem Planeten zerstört.

Nach langer Recherche habe ich mir für meine Wunscherfüllung eine kleine abgelegene Insel vor der Westküste von Sumatra ausgesucht. Julia und ich landen in Medan, Sumatras Hauptstadt, und fahren zum Wandern und Orang-Utan-Beobachten in den dichten Gunung-Leuser-Nationalpark. Dort geht ein weiterer Wunsch von mir in Erfüllung. Wir sehen einige dieser faszinierenden Tiere in den Baumwipfeln des verbliebenen Regenwalds. Der Lebensraum der Menschenaffen schwindet zusehends durch Palmöl-Plantagen, in denen die Tiere als Schädlinge gesehen werden. Obwohl sie unter Naturschutz stehen, werden sie gefangen und als Haustiere verkauft. Man hält sie in kleinen Käfigen zur Belustigung ihrer Besitzer. Der Menschenaffe gilt tatsächlich als Statussymbol. Erwischt die Polizei die Halter, verbessert sich die Situation für den Orang-Utan nur selten. Mangelnde Kontrolle und Korruption spielen den Polizisten in die Karten und so werden sie dann letzten Endes selber die neuen Besitzer des Orang-Utans, natürlich illegal.

Zur Auswilderungsstation des Parks werden verletzte und auch beschlagnahmte Tiere gebracht, bei denen die Polizei ein Einsehen hatte. Hier werden sie nach und nach ausgewildert und Besucher können den Fütterungen im Wald bei-

Die Orang-Utans der Auswilderungsstation werden im Waldreservat noch regelmäßig gefüttert, leben aber in Freiheit.

wohnen. Auf ein Signal der Ranger hören wir Geräusche tief im Wald. Es raschelt in den Bäumen, schnelle Bewegungen kommen näher. Plötzlich sehen wir den ersten Affen, der sich sogleich wieder ins Dickicht duckt. Ein paar Tiere schwingen sich herbei. Sie holen sich Früchte ab, die sie genussvoll vertilgen. Anschließend verschwinden sie genauso elegant, wie sie gekommen sind. Sie leben frei im Dschungel. Für mich ist das eine gelungene Kombination aus Touristeninteresse und Naturinteresse.

Der Gunung-Leuser-Nationalpark ist leicht zu erreichen, im Gegensatz zu meiner Schildkröteninsel. Das wird viel schwieriger als gedacht. Unser Ziel ist der kleine Hafenort Singkil. Wir nehmen einen ersten Bus zum Ort Berastagi. Dort stehen Julia und ich in einer völlig überfüllten Stadt. Überall sind Menschen um uns herum, überall ist es dreckig. Motorräder knattern, Busse kommen und gehen. Die Luft ist feucht, heiß und verschmutzt. Niemand möchte nach Singkil fahren. Nach Medan schon. Busse in die Hauptstadt von Sumatra fahren im Minutentakt. Singkil kennt niemand. Keiner weiß, welcher Bus dorthin fahren könnte.

Wie überall in Asien bekommen wir aber niemals ein »Nein, weiß ich nicht« als Antwort, sondern immer nur etwas wie: »Vielleicht... geht mal dort nach links«, oder: »Ja, probiert es mal in diesem Ticketcenter da um die Ecke.« Dort angekommen finden wir heraus, dass es das Ticketcenter gar nicht gibt oder dass »links« eine Sackgasse war. Doch niemand verliert in Asien gerne das Gesicht. Eine Frage nicht beantworten zu können, gilt als großer Gesichtsverlust. Also reagieren die Menschen lieber mit ausgedachten Antworten. Immerhin entlarvt die meisten das Wort »maybe«, vielleicht, am Anfang ihrer Ausführungen.

Genervt nehmen wir ein Tuk-tuk zu einem kleinen Wohnhaus außerhalb der Stadt, wo ein älterer Niederländer mit seiner indonesischen Frau lebt. Seine Handynummer hat uns die Mitarbeiterin beim Kauf unseres Tickets nach Berastagi als Insider-Tipp über den Tresen zugeschoben. Ihren Worten nach beherbergt der Mann dort Backpacker, die sich für eine Trekkingtour zum nahegelegenen Vulkan interessieren. Er versucht das Problem für uns zu lösen und ruft eine Busgesellschaft an, die uns mitnehmen könnte. Der Bus soll heute Nacht irgendwann vorbeikommen. »Maybe«. Er deutet uns an, dass wir es uns solange im Hausflur bequem machen sollen. Wir können später auch mitessen.

Da es erst Mittag ist, fahren wir noch einmal in die Stadt zurück und versuchen eine konkrete Antwort oder einen früheren Bus zu kriegen. Beides scheint aber unmöglich zu sein. Es entspinnt sich das gleiche Spiel wie heute Vormittag. Niemand kennt einen Bus, der nach Singkil fährt. Entnervt geben wir nach Sonnenuntergang auf und warten im Hausflur des Niederländers.

Tatsächlich, mitten in der Nacht klingelt es und ein Bus wartet vor der Haustür. Für mich ist das pure Magie. Reisemagie. Wir steigen im Dunkeln einfach in einen Bus, der weder eine Nummer noch ein Ziel noch eine Streckenfahrplan angeschlagen hat. Innen sitzen nur Einheimische. Niemand spricht Englisch.

»Singkil, Singkil?«, frage ich.

Eine Mischung aus zustimmendem Nicken, großen Augen und ratlosen Gesichtsausdrücken kriegen wir zurück. Wie es in Indonesien üblich ist, starren uns alle an.

Wir wissen nicht genau, wo wir aussteigen sollen, wann wir aussteigen sollen und ob unsere Rucksäcke noch immer im Gepäckfach auf uns warten werden. Aber dieser Schritt ins Ungewisse ist doch einer der Gründe, warum wir reisen. Wir lassen uns fallen und schauen einfach, was passiert. Leben im Moment.

Wir versuchen, die Augen zu schließen und ein paar Stunden Schlaf zu kriegen. In der Morgendämmerung werden wir angestoßen. Der Busfahrer bedeutet uns, auszusteigen. Wir packen unsere Rucksäcke und stehen auf einer kleinen Brücke am Meer. Mal wieder hat alles geklappt. Wir haben uns fallen lassen und sind weich gelandet.

Oder nicht? Das hier kann noch nicht Singkil sein. Es muss doch einen Hafen geben, mit Häusern, Stegen, Booten. Ich gehe zur Hütte auf der anderen Straßenseite, wo eine Frau sich gerade um die Morgentoilette ihres Kleinkinds kümmert. Neben der Wellblechhütte befindet sich ein ebenfalls blecherner Balkon, der über einen schmutzigen Fluss ragt. Die Mutter hält ihr Kind über ein Loch und das Kind erledigt sein Geschäft. Eine Wasserspülung braucht sie hier praktischerweise nicht extra zu betätigen. Höflich warten wir etwas, bevor wir sie ansprechen. Die Frau lächelt uns nichtverstehend an und schickt uns wieder zurück auf die Brücke.

Ein paar Einheimische laufen herum und schauen gelangweilt aufs Wasser. »Pulau Banyak, Pulau Banyak«, sage ich zu ihnen. Sie lächeln, sagen »Maybe« und deuten aufs Wasser.

Dann kommt tatsächlich ein kleines Boot angefahren mit Platz für vielleicht zehn Menschen. Wir waten knietief ins warme Meer und steigen ins Boot. Der Fahrer erhält etwas Kleingeld und fährt uns hinaus in die Wellen. Damit werden wir nie nach Pulau Banyak kommen, denn das liegt weit draußen im Meer, denke ich. Wir fahren aber mit dem kleinen Boot nur zu einem größeren Boot, auf dem schon eine Menge Einheimische warten. Wir haben unfassbares Glück. Es ist gerade Ramadan. Viele Menschen fahren vom Festland zurück aufs Insel-Archipel Pulau Banyak, um ihre Verwandten zu besuchen. Deshalb fahren gerade häufig Boote. Ansonsten gibt es zwei pro Woche. »Maybe.«

Wir machen es uns zwischen Reissäcken, Hühnern, Ziegen und Ackergerät bequem. Unsere Rucksäcke nutzen wir als Kopfkissen und versuchen noch etwas Schlaf in der Horizontalen nachzuholen. Als wir am frühen Mittag auf der Hauptinsel des Insel Archipels ankommen, ist unser erstes Ziel die Rangerhütte. Hier hoffen wir jemanden zu finden, der uns zu der Schildkröteninsel hinausbringen kann.

Die Rangerhütte hat geschlossen. Wir fragen ein bisschen herum. Ein paar Einheimische verstehen Englisch und sagen uns, dass es Probleme zwischen den Rangern und der Regierung gibt. Und dass gerade niemand zu der Schildkröteninsel hinausfahren darf und wird. Mit einem mitleidigen Lächeln und Achselzucken sagen sie: »Maybe later.«

Nur, später gibt es für uns nicht. Wir haben vielleicht eine Woche hier draußen auf den Inseln. Enttäuscht setze ich mich erst einmal auf den Boden. Mein großer Wunsch wird sich hier nicht erfüllen. Aber ein wichtiger Bestandteil von Zufriedenheit ist nun einmal auch die Gelassenheit. Loslassen können von Menschen, von Dingen, von Erwartungen. Also versuche ich, meine Erwartungen loszulassen. Wir sind immerhin in einer wunderschönen Inselwelt gelandet.

Manchmal wünschte ich, ich könnte da immer tiefenentspannt sein, vielleicht so wie Diogenes in der Antike. Angeblich stand Alexander der Große eines Tages vor ihm und wollte dem weisen Mann einen Wunsch gewähren. Der besitzlose und in einem leeren Fass wohnende Diogenes erbat sich lediglich, der große Herrscher möge ihm aus der Sonne gehen. Ich vermute, so eine Antwort kann nur ein wirklich zufriedener Mensch geben. Jemand, der keine Wünsche mehr ans Leben hat, außer dem Leben, das er führt.

Das Taxi bringt uns nach Tailana.

Pulau Banyak macht es mir leicht, die Enttäuschung schnell zu verdauen. Das Archipel besteht aus vier bewohnten und angeblich genau 95 weiteren kleinen Inseln, die unbewohnt sind. Auf zwei der Inseln gibt es die Möglichkeit, als Besucher unterzukommen. Die Nachricht, dass sich ein paar Touristen hierher verirrt haben, macht schnell die Runde und der Manager der kleinen Insel Tailana spricht uns an. Er macht uns ein gutes Angebot. Wir können auf seiner Insel wohnen und bekommen drei Mahlzeiten am Tag. Gleich nachher können wir mit ihm auf seinem Boot rüberfahren.

So schnell kann sich das Blatt wenden. Die Magie des Reisens. Nach der Enttäuschung mit den Schildkröten hat sich jetzt eine fantastische Möglichkeit aufgetan. Wir haben zum Glück die Möglichkeit, unsere Reise schnell umzupla-

Ich habe eine Schwäche für Inseln, die nur aus Kokospalmen und Strand bestehen.

nen, da wir grundsätzlich nie Unterkünfte vorbuchen. So sind wir völlig frei, unsere Reisepläne im Minutentakt zu ändern. Ein gutes Gefühl. Wir können uns einfach in unsere Reise fallenlassen.

Eine gute Stunde fahren wir mit einem kleinen Ausleger-Motorboot durch das klare grüne Wasser. Wir ziehen an vielen kleinen Inseln vorbei, die voller Kokospalmen stehen. Unter uns gleiten Korallengärten vorbei. Wir sehen kleine Fische, große Fische, springende Fische und fliegende Fische. Pulau Banyak ist das Paradies. Die Enttäuschung mit den Schildkröten ist endgültig vergessen. Neugierde

Fischmarkt auf der Nachbarinsel.

macht sich in mir breit, wie es wohl auf Tailana aussieht. Ich liebe Neugierde, diesen pulsierenden, aufregenden Zustand des Nicht-Wissens und Sich-treiben-Lassens. Was wird uns erwarten?

Im späten Nachmittagslicht kommen wir an. Vor uns liegt eine kleine Insel. Auch sie ist mit Kokospalmen bedeckt. Drei Hütten stehen am Strand. Es sind einfache Holzhütten ohne Fenster. Etwas weiter im Inselinneren stehen noch zwei Hütten, vor einer spielen Kinder. Wir werden herzlich von der Familie empfangen. Die Eltern betreuen die Besucher und kochen das Essen. Die Kinder helfen und genießen ansonsten ihre Freiheit.

Der Manager bittet uns erst einmal in die offene Hütte hinein und wir bekommen einen dampfenden Kaffee in einer Plastiktasse. Er ist typisch indonesisch: schwarzer Kaffee, dessen Satz unten am Boden der Tasse festklebt, begossen mit einer ordentlichen Schicht Zuzu, gesüßter Kondensmilch. Wie in vielen Teilen Indonesiens sind die Einheimischen hier abhängig davon – vielleicht so ähnlich, wie viele Deutsche nicht ohne Schokolade leben können. Zuzu macht die Menschen hier glücklich, ein paar Mal am Tag. Nach der Tasse Kaffee legen wir unsere Sachen in einer der beiden freien Holzhütten ab. Die Möblierung besteht aus einer Matratze, über die ein Moskitonetz gespannt ist. Das ist alles.

Unser Leben hier ist sehr einfach. Geweckt vom Hahnenschrei stehen wir auf und gehen ins Wasser, um uns frisch zu machen. Dabei bewundern wir den Sonnenaufgang und finden uns zum Frühstück in der Hütte ein. Jeden Morgen gibt es Pfannkuchen mit Kokosmehl. Die Eier für den Pfannkuchen kommen von den Hühnern, die frei auf der Insel herumlaufen. Das Kokosmehl stammt selbstverständlich von den Kokosnüssen der Insel, die das Oberhaupt der Familie geschickt erntet: Er wartet einfach ab, bis sie herunterfallen, und sammelt sie auf.

Mittags gibt es Nudeln mit Spiegelei. Abends gibt es frischen Fisch, je nachdem, welches Anglerglück die Familie heute hatte. An manchen Tagen gibt es Rifffische, manchmal Rochen, manchmal Oktopus. Die Fische werden zwischen zwei Holzstücke gespannt und am Rand des offenen Lagerfeuers gebraten. So frischer Fisch ist das Beste, was man essen kann – noch dazu am Lagerfeuer.

Die Tage selber verbringen wir gemütlich – mit Baden, Entspannen und Jonglieren. Die Insel haben wir in einer halben Stunde umrundet. Manchmal sehen wir Boote mit Menschen, die anlegen und frische Kokosnüsse holen. Manchmal fahren Fischer vorbei. Mehr passiert hier nicht. Nachmittags ziehe ich mir Schnorchel und Taucherbrille über und erkunde das Riff. Es ist herrlich intakt und wir sehen prächtige Rotfeuerfische, Anemonen, Clownfische, Kugelfische und Rochen.

Schon die Kleinsten lernen angeln.

Die Nächte halten eine seltsame Überraschung für uns bereit. Als ich nachmittags am Strand jonglieren möchte, habe ich nur noch vier Bälle. Am nächsten Tag sind es nur noch drei. Wer klaut Jonglierbälle, aber lässt Kamera und Geldbeutel zurück? Merkwürdig. Am nächsten Abend habe ich die Antwort. Ich sehe Bewegungen im Gebüsch neben der Hütte. Mein dritter Ball wird genüsslich von einer Ratte verputzt. Rotzfrech schaut sie mich dabei an und futtert die Bohnenfüllung. Dann lässt sie aber doch die schlaffe Hülle fallen und verkriecht sich lieber. Ein paar Mal bin ich schon von leisem Getrappel direkt neben mir aufgewacht, habe mir aber nichts dabei gedacht. Nun stelle ich fest, dass sie und ihre Komplizen auch ein Loch in meinen Rucksack gefressen haben. Unsere Notfallkerzen scheinen ihnen ebenfalls geschmeckt zu haben. Sie sind total zernagt. Wir hängen alles, was appetitlich für Ratten sein könnte, an Schnüren am Hüttendach auf. Denn für die Zufriedenheit von Tailanas Ratten fühle ich mich dann doch nicht zuständig.

Einmal nimmt uns der Familienvater mit zum Fischen. Er setzt uns an mehreren Insel ab, wo wir am Strand spazieren können. Im seichten Wasser sehen wir, wie sich kleine Rochen verstecken. Während wir schnorcheln, fischt unser Gastgeber. Abends bringt er uns wieder zurück und wir genießen seinen Fang.

Ob die Familie wohl zufrieden ist? Ich weiß es nicht, leider spricht sie kein Englisch. Aber sie wirken sehr zufrieden. Sie haben ein sehr einfaches Leben. Alle gemeinsam schlafen sie in ihrer Hütte, sammeln Kokosnüsse und gehen fischen. Die Kinder besuchen leider keine Schule, was ich sehr merkwürdig finde. Eigentlich ist die indonesische Regierung sehr strikt, was Schulpflicht angeht.

Ob die Familie wohl auch gerne reisen und ferne Länder sehen würde? Oder hat sie vielleicht gar keine Ahnung, was sich hinter ihrem Inselreich erstreckt? Vielleicht ist es manchmal einfacher, gar nicht die Möglichkeiten zu kennen, wie wir sie in Deutschland haben. Viele Möglichkeiten wecken auch viele Begierden. Für die einen sind es Reisen, für die anderen sind es schicke Autos, wieder für andere vielleicht, an einen besseren Ort zum Leben zu kommen. Kennt man all diese Möglichkeiten nicht, ist man dann zufriedener? Vielleicht.

Die Familie lacht viel. Sie ist sehr herzlich und kocht jeden Tag mit viel Passion leckere Gerichte für uns. Aber eine Begierde haben sie auf jeden Fall, da bin ich mir sicher. Ohne fünfmal Zuzu am Tag geht gar nichts.

Was ich gelernt habe:

- »Maybe« ist nicht hilfreich in Asien.
- Man kann eine fantastische Zeit haben, auch wenn die Erwartungen nicht erfüllt werden.
- Zufriedenheit kann so einfach sein wie gesüßte Kondensmilch.

17

Sehen wir uns im Meer?

Bei den Schildkröten in Sri Lanka

In der Schutzstation werden verletzte Schildkröte aufgepäppelt.

Die Meeresschildkröten gehen mir aber trotzdem nicht aus dem Kopf. Ein Jahr später reisen Julia und ich nach Sri Lanka. Unser erstes Ziel ist der Strand von Kosgoda, denn ein paar Einheimische haben sich einen vielversprechenden Ansatz für die sinkende Schildkrötenpopulation ausgedacht. Jede Nacht im Jahr, aber ganz besonders im Frühjahr, werden die Strände von Meeresschildkröten besucht. Sie legen ihre Eier im Sand ab und überlassen in den nächsten Wochen der Sonnenwärme das Ausbrüten. Insgesamt fünf Arten erscheinen hier regelmäßig: die Suppenschildkröte, unechte und echte Karettschildkröte, die gewaltige Lederschildkröte und die Oliv-Bastardschildkröte. Dass alle Arten weltweit vom Aussterben bedroht sind, hat neben dem Verlust von naturbelassenen Bruststränden einen ganz einfachen Grund: Leider scheinen die Eier den Einheimischen als Omelette sehr gut zu schmecken. Nachts gehen Fischer die Strände entlang und graben die Nester wieder aus, um die Eier anschließend auf dem Markt zu verkaufen. Für die Sri Lanker sind Schildkröteneier eine ganz normale Speise. Deshalb hat sich auf der Insel eine besondere Form des Ökotourismus entwickelt: Schildkrötenschutzstationen.

Julia und ich reisen entlang der Westküste nach Süden. Wir lassen das Verkehrsgewühl Colombos hinter uns, später die Betonklötze der Pauschalhotels, bis wir am Sandstrand von Kosgoda eine kleine Unterkunft finden. Noch am selben

Ein Schildkrötenbaby – frisch geschlüpft.

Nachmittag besuchen wir das »Kosgoda Marine Turtle Conservation Project«, wo wir vom Projektleiter freundlich empfangen werden.

»Um die Tiere zu schützen, kaufen unsere Mitarbeiter die Eier auf den Märkten auf«, erklärt der engagierte Mann das Konzept der Schutzstation, während er uns durch den offenen Betonbau führt. Mit seinem bunten wehenden Hemd und seinem ansteckenden Lachen ist er sehr sympathisch. Er hat bestimmt schon hunderte Besucher durch seine Schutzstation geführt und wirkt immer noch total zufrieden und engagiert. »Außerdem graben wir Gelege von anderen Stränden aus, bevor das Fischer tun können«, fährt er fort. »Mittlerweile haben wir ein ganz gutes Netz von Freiwilligen, aber auch von Fischern selbst, die uns auf die Lage von neuen Nestern hinweisen. Manche Fischer verkaufen die Eier direkt an uns – für einen geringfügig höheren Preis, als er auf dem Markt erzielt werden kann.« Er zuckt mit den Schultern, was wohl so viel bedeutet wie: besser an uns, als für den Kochtopf. »Dann graben wir die Gelege an unserem geschützten Strandabschnitt wieder ein.« Zufrieden weist er Richtung Meer, das sich direkt hinter der Schutzstation erstreckt. Vor dem kleinen Gebäude ist ein kurzer Strandabschnitt wie ein Gehege eingezäunt. Darüber haben Freiwillige ein Dach aus Draht gezogen, um Raubvögel abzuhalten. Alles wirkt an diesem Ort funktional und sauber. Die Wände sind mit bunten Graffiti überzogen, die Meeresschildkröten beim Schwimmen zeigen.

»Sobald die kleinen Schildkröten geschlüpft sind, setzen wir sie hier in unsere Wasserbecken.« Er zeigt dabei auf mehrere saubere Beton-Aquarien. Hier schwappt Wasser hin und her und hunderte Babyschildkröten tummeln sich. Kleine schwarze niedliche Tiere, die ihre Nasen neugierig über die Wasseroberfläche strecken. Ihre winzigen Beine strampeln schnell. Ob die Schutzstationen wirklich dazu beitragen, die weiter schrumpfenden Bestände zu erhalten, ist wissenschaftlich noch nicht belegt. Aber als Omelette helfen die Eier garantiert nicht weiter.

Der Projektleiter schnappt sich einen Eimer. Zwei, drei Mal schwenkt er den Plastikbehälter durch das überfüllte Aquarium. Schon stapeln sich etwa 50 Babyschildkröten darin. Wir dürfen ihn mitnehmen – gegen eine Spende. Natürlich muss sich die Station auch finanzieren. Mit dem eingenommenen Geld werden nicht nur neue Eier gekauft. Mitarbeiter klären auch die Bevölkerung auf, damit diese möglichst keine Schildkröten oder deren Eier mehr essen.

In einem Land, das so wunderschöne Natur zu bieten hat wie Sri Lanka, steckt das Konzept Umweltschutz leider noch in den Kinderschuhen. Für viele Familien ist es völlig normal, Fisch oder Fleisch von Wildtieren auf dem Markt zu kaufen. Natürlich werden so die einheimischen Tierbestände ungeachtet von Artenschutz dezimiert.

Bevor wir den mahnenden Zeigefinger heben, sollten wir uns selbst hinterfragen, ob wir dazu in der Position sind. In Deutschland macht Wild sicherlich nur einen kleinen Teil des Fleischkonsums aus. In den meisten Fällen trägt der Abschuss sogar zum Erhalt der Wälder bei, weil sich ansonsten die Rehe, Hirsche und Wildschweine unkontrolliert vermehren würden. Ihre natürlichen Feinde, die Wölfe, haben unsere Vorfahren ausgerottet. Wildfleisch zu kaufen, ist vermutlich ethisch gesehen der beste Fleischgenuss. Unser Problem ist die Massentierhaltung, die billige Nackensteaks unter fragwürdigen Bedingungen produziert. Dazu kommt

noch der CO_2-Abdruck, den die Futtermittelindustrie produziert. Es ist schwer abzuwägen, ob das Dezimieren der Wildbestände oder Massentierhaltung schlimmer ist.

Auf jeden Fall können wir an diesem Abend eine einmalige Erfahrung machen. Als wir im Sonnenuntergang einen Eimer mit rund 50 geretteten Babyschildkröten zum Wasser tragen, fühlt sich jeder Schritt im warmen Sand gut an. Je näher wir den rauschenden Wellen kommen, desto aufgeregter versuchen die Tiere, aus dem Eimer zu klettern.

Die Mitarbeiter meinen es wirklich ernst mit ihren Schutzbemühungen. Für sie endet das Projekt nicht nach dem Verkauf. Sie begleiten uns zum Wasser und vertreiben mit Feuerwerkskrachern noch Seeadler und andere Raubvögel, die sich auf ein Festmahl gefreut haben. Kleine Schildkrötenbabys sind auch bei vielen Raubtieren beliebt.

Vom Eimer befreit, schieben sich die Tiere schnell und mit geschickten Bewegungen Zentimeter um Zentimeter weiter zur Gischt. Schnell planschen sie ins aufgewühlte Wasser. Eins nach dem anderen taucht in die Wellen ein und verschwindet in der Freiheit des Meeres.

Dann setzen Julia und ich uns gemütlich in den warmen Sand und blicken in die Weite. Wir sitzen noch lange und schauen den Wellen zu, wie sie an den Strand rollen. Wir brauchen nichts zu sagen, um zu wissen, dass wir beide das gleiche denken: Diese Schildkrötenbabys in die Freiheit zu entlassen, ist ein magisches Gefühl.

Auch abseits von Kosgodas Strand ist Sri Lanka ein wahres Naturparadies und hält viele besondere Momente für uns bereit. Die Insel beherbergt eine große Leopardenpopulation. Nirgendwo sonst auf unserem Planeten leben

auf so kleinem Raum so viele der Raubkatzen. Besonders gut kann man die Tiere im Yala-Nationalpark beobachten. In dieser Wald- und Savannenlandschaft verbringen wir einen ganzen Tag auf der Rückbank eines Jeeps und unser Fahrer versucht die scheuen Tiere zu finden. Im frühen Morgenlicht suchen wir die wenigen Wasserstellen ab. Leider hat kein Leopard Durst. Dafür sehen wir viele andere aufregende Tiere wie Elefanten, Warane, Mangusten, Büffel, Warzenschweine und Languren. In der Mittagshitze fahren wir weiter zu anderen Stellen im Park, wo Leoparden gerne in den Bäumen dösen. Vergeblich. Erst in der Abenddämmerung haben wir Glück. Der Fahrer macht sich schon auf den Rückweg Richtung Parkgrenze. Da sehe ich eine Bewegung im Gebüsch. Enthusiastisch schreie ich: »Leopard, zurück, zurück!« Der Fahrer setzt

Tiere in freier Wildbahn zu beobachten, macht mich einfach glücklich.

den Wagen zurück und dort zwischen zwei Bäumen läuft er mit majestätischen Bewegungen über den staubigen Savannenboden. Er würdigt uns keines Blickes und verschwindet im hohen Gras. Der Tag hat sich wirklich gelohnt. Wir haben viele Tiere gesehen und am Ende doch noch den Leopard.

Das größte Naturschauspiel der Insel sind die riesigen Elefantenherden. Im Herzen Sri Lankas befinden sich ausgedehnte Grasflächen und flache künstliche Stauseen. Die Tiere haben hier paradiesische Lebensbedingungen und auch in der Trockenzeit genug Wasser und Nahrung. Wir beobachten die Elefanten, wie sie ihre Jungen versorgen, wie sie miteinander spielen, sich nass spritzen, grasen, raufen. Sie ziehen über die Grasflächen und waten durch den seichten See. Toll, dass für die bedrohten Tiere solch große Flächen zur Verfügung stehen, wo sie nicht in den Konflikt mit Menschen geraten.

In dem faszinierenden Tempel-Städtchen Polonnaruwa erholen Julia und ich uns abends von langen Besichtigungen an einem See. Dort sitzen wir gemütlich und schauen uns einfach nur das abendliche Farbenspiel des Sonnenuntergangs an. Durch die Lüfte ziehen Flughunde, die in großen Scharen ausschwärmen und sich in die Kronen der Bäume setzen. Dort finden sie Früchte, die sie genüsslich verspeisen. Am Ufer wuseln aufdringliche Affen um uns herum und die Luft ist erfüllt vom Gesang bunter Vögel.

Nicht nur an Land sind auf Sri Lanka fantastische Tierbegegnungen möglich, sondern auch im Wasser: Erst vor kurzem haben Forscher entdeckt, dass vor der Südküste eine der größten Blauwal-Migrationen weltweit stattfindet. Mit einem schaukelnden Whale-Watching-Boot fahren wir und eine Gruppe anderer Reisender Richtung offenes Meer. Alle starren gebannt auf die Wellen. Dann kommt Bewegung auf. Eine Schule Delfine taucht auf, vollzieht Luftsprünge, verfolgt unser Boot und verschwindet wieder. Begeistert von dieser Sichtung fahren wir weiter und versuchen das größte Tier dieses Planeten aufzuspüren. Heute scheint es sich aber besonders gut zu verstecken. Hin und wieder passieren wir Fischerboote. Jedes Mal fragt der Kapitän, ob die Fischer einen Blauwal gesehen haben. Kopfschütteln, ihre Gesten deuten auf das offene Meer, also fahren wir noch weiter raus. Doch irgendwann ist es soweit. Er taucht einfach auf. Wir sehen einen gewaltigen Rücken, von dem Wasser abperlt. Dann erhebt sich eine majestätische Schwanzflosse, und das Tier taucht wieder ab, nur um in einiger Entfernung erneut aufzutauchen. Wir fahren näher ran, wobei wir immer noch einen respektvollen Sicherheitsabstand halten. Völlig ohne Scheu treibt der Wal an der Wasseroberfläche und zeigt uns seine Rückenflosse. Wir können ihn wirklich lange beobachten. Er scheint einfach nur ein bisschen zu dösen. Dann taucht das Tier wieder ab, nur um kurz darauf wieder an einer anderen Stelle aufzutauchen. So geht das Spiel noch lange weiter. Irgendwann scheint er genug geatmet zu haben und verschwindet mit einer kräftigen und eleganten Flossenbewegung wieder in den Tiefen des Indischen Ozeans.

Und doch: Unser Highlight in Sri Lanka bleiben die Schildkröten. Am Strand von Kosgoda ist die Sonne schon lange versunken. Die Wellen haben die Spuren der kleinen Schildkröten im Sand schon lange weggespült. Nichts erinnert mehr an die wuseligen Babys und ihren Elan, in die Weite des Meeres zu kommen. Erst in fünf bis zehn Jahren werden sie zur Eiablage genau an diesen Strand zurückkommen. Mit einem warmen Gefühl im Bauch verlassen Julia und ich diesen magischen Ort. Vielleicht sehen wir »unsere« Schildkröten ja irgendwann im Meer wieder.

Was ich gelernt habe:

› Babyschildkröten vor dem Tod als Omelette zu retten, fühlt sich fantastisch an.

› Weniger Fleisch essen wäre eine mehr als vernünftige Maßnahme.

› Dinge tun, die ich für richtig und wichtig halte, macht mich hochzufrieden.

18

Moderne Wüstennomaden

Beduinenleben in Jordanien

Die Felswand ist eine Wohltat. Sie strahlt Kühle ab und spendet ein wenig Schatten. Auch schützt sie uns vor dem rotem Wind. Mohammed, geschätzte 15 Jahre alt, schaltet den Motor seines verstaubten Toyota Landcruisers aus. Er springt aus dem Wagen und entzündet ein kleines Reisigfeuer auf dem Wüstenboden. Nachdem er Wasser, ein wenig Kaffeepulver und Kardamomsamen in den alten, verrußten Kessel gegeben hat, stellt er ihn auf die züngelnden Flammen. Er strahlt uns an. Auf die Kaffeepause freut er sich am meisten. Und auf die Gelegenheit, meine schwere Kamera in die Hand zu nehmen und ein paar Fotos zu schießen. Dabei wirkt er so konzentriert wie ein professioneller Fotograf.

Mohammed ist ein moderner Nomadensohn. Er lebt in einem Dorf am Rande des Wadi Rum, eines sich gewaltig öffnenden Wüstenschlunds mit nichts als Felsen und rotem Sand. Im Winter regiert klirrende Kälte und im Sommer flirrende Hitze. Hier gibt es keine Shopping-Malls oder Kinos, keine asphaltierten Straßen, keinen westlichen Luxus im Überfluss. Dafür Natur, Ruhe und Entschleunigung. Mit einem zufriedenen Lächeln reicht er uns dampfenden aromatisierten Kaffee.

Der Überlandbus hat mich heute Morgen in seinem kleinen Dorf am Rand des Wadis ausgespuckt. Vor ein paar Tagen habe ich eine Übernachtung bei Beduinen gebucht. Mohammeds Vater, eingehüllt in einen weißen dünnen Kaftan, holt mich ab und nimmt mich mit zu sich in sein Haus im Dorf.

Eine Klimaanlage surrt und kühlt den Wohnraum frostig herunter. Der Boden ist gefliest und strahlt blitzblank. Eine schicke Couchgarnitur steht vor einem Fernseher. Hier lebt der Beduine mit seiner Frau und seinen Kindern. Wenn man mal vom kitschig-bunten Einrichtungs-Stilmix absieht, wirkt die Einrichtung, verglichen mit Deutschland, gar nicht so anders.

Meine Vorurteile holen mich ein. Sollte ein Beduine nicht nomadisch wohnen? Auf Kamelrücken zwischen Karawanserei und Zelt pendeln?

Christian, ein junger deutscher Nahostreisender, sitzt bereits im Wohnzimmer und stellt sich vermutlich die gleiche Frage. Wir sind uns auf Anhieb sympathisch und freuen uns, gemeinsam ins Wadi rauszufahren. Wir wollen die Weite und den Sand spüren, auf Felsen klettern und uns den Wind um die Nase wehen lassen. Ich sehe schon die Sonne hinter dem staubigen Horizont verschwinden und höre die Wüstenfüchse in der Nacht schreien.

Der Beduine reißt mich aus meinen Tagträumen und fragt: »Wollt ihr jetzt ins Touristencamp? Dort gibt es Folkloretänze, gemütliche Betten und Buffet.«

Wir verneinen energisch.

Er schmunzelt. »Das habe ich mir gedacht. Dann lassen wir mal die anderen Besucher hinter uns. Ihr könnt bei meiner Frau und meiner Mutter weit draußen im Wadi wohnen.«

Hmmm, seine Frau lief doch gerade erst hier durch sein schickes Haus, denke ich mir. Wieso ist sie jetzt draußen in der Wüste? Platz für nähere Erklärungen gibt es nicht, denn da kommt Mohammed, sein Sohn, ins Spiel. Er winkt uns zu seinem Auto und fährt uns aus dem Dorf hinaus. Schnell lassen wir die Straße hinter uns und biegen auf eine Sandpiste ein. Dann fahren wir weit raus in die Wüste. Mohammed zeigt uns rote Felsen, karge Wasserstellen, die endlose Weite. Manchmal stoppen wir und laufen umher. Die Hitze lässt Luft und Boden verschwimmen. Die Sonne brennt und die Luft trocknet den Mund aus.

Selten hat sich Einöde so gut angefühlt. Wir klettern hoch auf Felsformationen, sehen Schlangen im Schatten verschwinden und Raubvögel kreisen. Wir klettern über Felsbrücken und genießen die Einsamkeit. Zurück am Auto macht Mohammed ein Feuer, um Kaffee zu kochen und bewirtet uns gastfreundlich.

Am Abend erreichen wir das Lager der Beduinenfamilie. Auf dem sandigen Boden im Windschatten eines großen Felsens steht ein gewaltiges schwarzes Zelt. Es ist bestimmt zwölf Meter lang und fünf Meter breit. Starke Seile

Halb abgebaut: Nur noch Dach und Stützen müssen an den neuen Platz.

halten die Spannung. Stoffwände unterteilen es in mehrere offene Zimmer. Es gibt eine Schlafkammer, die sich die Frau des Beduinen mit ihrer Schwiegermutter teilt. Daneben befindet sich eine Kochkammer mit Feuerstelle und voll ausgestattetem Küchenschrank. Außerdem gibt es noch die Ess- und Wohnkammer.

Schon von Weitem müssen sie uns an der Staubfahne des Wagens erkannt haben. Eine alte Frau kommt vom Ziegenstall herüber, der in einiger Entfernung vom Zelt steht. Er besteht nur aus einem runden Drahtverschlag, der das Vieh nachts vor Raubtieren schützt. Die Frau des Beduinen befeuert schon die Kochstelle im Sand. Mir wird schlagartig klar, was der Beduine meinte, als er von seiner Frau sprach, die weit draußen mit seiner Mutter wohnt. Die Familienform, die diese arabische Familie pflegt, ist für unsere westlichen Vorstellungen von Beziehung sehr ungewohnt. Der Beduine hat zwei Ehefrauen. Seine erste lebt hier draußen mit seiner Mutter, hütet Ziegen und wird von ihrem Mann und ihren älteren Kindern regelmäßig per Geländewagen besucht. Seine zweite Ehefrau lebt mit ihm in dem schicken Häuschen im Dorf am Rande des Wadis. Dort leben auch die Kinder. Mehrere Frauen zu haben, ist für Männer in der arabischen Kultur legitim – vorausgesetzt der Mann kann sie alle ernähren.

Die Begrüßung fällt knapp, aber freundlich aus. Keine der beiden Frauen spricht Englisch. Mohammed übersetzt

Christian und ich bei einer Kaffeepause.

ein wenig für uns. Wir drei dürfen uns direkt zum Essen an die schwere gusseiserne Metallpfanne setzen, die auf einem kleinen Feuer im Sand steht. Unsere Gastgeberinnen sind sehr gastfreundlich und scheinen sich über Abwechslung zu freuen. Alle gemeinsam essen wir aus der Pfanne. Essbesteck gibt es hier offenbar nicht. Wir bekommen Fladenbrot gereicht, das drei von uns fünf geschickt benutzen, um das Essen aufzusaugen und zum Mund zu führen. Wir anderen beiden haben so unsere Mühe, Fleisch und Gemüse einzuwickeln. Meistens bleibt nur ein Soßenrest hängen, der aber auch schon köstlich genug ist. Aromen von Chili und Zimt schmecke ich heraus und Ziegenfleisch sorgt für eine unverwechselbare Geschmacksnote. Die drei Einheimischen ignorieren elegant unsere Unfähigkeit, mit Händen zu essen.

Mir strömen beim Abendessen viele Gedanken durch den Kopf und noch mehr Fragen. Aber wie soll ich diese angemessen formulieren? Ich möchte weder unhöflich noch invasiv auftreten. Mehrere Frauen gleichzeitig mag bei uns im Westen vielleicht eine Fantasie von Männern sein, allerdings nur auf den ersten Blick. Denn abseits von Dominanz und Männlichkeitsgehabe resultieren aus Polygamie ernste Konsequenzen. Auch in der arabischen Kultur fühlen sich Frauen zurückgewiesen, wenn ihr Mann ihnen eröffnet, dass er noch mal heiraten möchte und dass bald eine weitere (jüngere) Frau mit ins Haus zieht. Wie fühlt eine Frau sich mit ihrer neuen Rolle, wenn sie nicht mehr die einzige ist?

Zurückgewiesen? Untergeordnet? Wenn ein Mann mehrere Frauen hat, bleiben doch auch Männer ohne Frauen zurück, oder?

Von Mohammed bekomme ich keine konkreten Antworten auf meine Fragen. Wahrscheinlich ist sein männlicher Blickwinkel zu einfach und ungetrübt. Aus unserem Gespräch heraus ergibt sich aber, dass dies alles sehr zum Verdruss seiner Mutter führt. Diese ist mit dem beschwerlichen Nomadenleben und den spärlichen Besuchen von Mann und Kindern unzufrieden. Sie möchte keine Ziegen mehr hüten, aufwendig auf dem Feuer ihr Essen kochen und sie hat die Kälte der Nacht und die Einsamkeit satt. – Paradox, denn Christian und ich besuchen diesen Ort genau wegen der Abgeschiedenheit, dem auf Feuer gekochten Essen und der fantastischen Aussicht. Aber sie möchte auch im Dorf wohnen, wo das Leben bequemer ist. Das Feld einer zweiten Frau räumen müssen, sich in die Wüste abgeschoben fühlen – darauf läuft es wohl hinaus.

Die traditionellen Lebensformen verändern sich. Wie überall auf der Welt geht das mittlerweile rasend schnell, von Generation zu Generation. Die Mutter des Beduinen kennt nichts anderes, als mit ihren Ziegen nach neuen Weideplätzen im Wadi zu suchen, sich mit ein paar Kleidern vor der Winterkälte zu schützen und abends am Feuer Shawarma und Teigfladen zuzubereiten. Ihr Sohn wuchs auch so auf. Mit dem aufkeimenden Tourismus der Neunziger kamen Wohlstand und Bequemlichkeit. So baute er das Haus am Rande des Wadis, denn hier gibt es alles, was westlichen Lebensstandard ausmacht: Internet, Fernseher, Herd, fließendes Wasser, Klimaanlagen, staubfreie Wohnzimmer und Privatsphäre durch eine abschließbare Haustür. Er wur-

Einen ganzen Tag sind wir mit dem Umzug des Lagers beschäftigt.

de halb-sesshaft und kaufte Geländewagen für Touristentouren. So braucht er selber nicht ständig im unwirtlichen Wadi zu leben. Im klimatisierten Haus wiederum werben heute seine Söhne Kunden über Facebook. Alle seine Kinder sind mit den digitalen Medien aufgewachsen, haben Social-Media-Profile und Emailadressen. Der Entwicklungsschritt ist enorm und hat weite Teile des Planeten in den letzten hundert Jahren umgekrempelt.

Für den Beduinen bedeuten zwei Frauen vermutlich einen riesigen Vorteil. Er hat viele Kinder, ein nicht zu unterschätzendes Statussymbol, und seine Mutter ist draußen in der Wüste versorgt. Er selbst kann aber bequem mit seiner zweiten Frau im Haus wohnen. Auch wenn Vielehe mehreren Frauen hilft, versorgt zu sein und Kinder ernähren zu können, so bleibt für mich die Vorstellung völlig absurd. Denn für mein Verständnis von Partnerschaft fehlen hier das Mitgefühl, die Fairness und die Liebe. Aber wahrscheinlich

steht es mir nicht zu, von außen über die Familienformen anderer Kulturen zu urteilen.

Christian und ich genießen den grandiosen Sternenhimmel im Wadi. Zum Schlafen ziehen wir unsere Matratzen aus dem Zelt heraus und können uns nicht sattsehen. Hier draußen gibt es keine künstlichen Lichtquellen und so erleuchtet die Milchstraße die Dunkelheit. Tausende kleine Funken in der Nacht verknüpfen sich zu einem gigantischen Lichtermeer, das über unseren Köpfen wogt. Tatsächlich werden wir vom Geschrei der Wüstenfüchse in den Schlaf gelullt.

Am nächsten Tag helfen wir den beiden Frauen beim Umzug ihres Zeltes. Die wenigen Stellen, wo die Ziegen noch grasen können, liegen mittlerweile zu weit entfernt, sodass wir das Zelt umbauen werden. Mit einem ganzen Tag Arbeit verladen wir die Plane, das Ziegengatter, den schweren Küchenschrank, alle persönlichen Gegenstände und Matratzen auf den Geländewagen und fahren ein paar Kilometer weiter zu einer Felswand. Meine deutsche Eile und Effizienz verlerne ich heute schnell. Nachdem wir einen Gegenstand auf Mohammeds Truck geladen haben, setzen wir uns erst alle wieder hin und trinken Minztee, warten, erzählen, lachen. Irgendwann heben wir wieder einen Gegenstand hinauf bis zum nächsten Minztee. Folglich dauert der Umzug des wenigen Hab und Guts den ganzen Tag.

Am Abend steht das Zuhause der Familie und die Ziegen haben auch wieder einen frischen Weideplatz. Die Frauen sind sehr froh, dass sie Unterstützung beim Umzug hatten. Pünktlich nachdem die ganze Arbeit getan ist, fährt der Beduine in einer gewaltigen Staubwolke vor, um Minztee zu trinken. Alle zusammen sitzen wir um die Kochstelle und dippen unser Fladenbrot in eine große Pfanne mit Soße.

Was wohl die Frau des Beduinen im Dorf jetzt denken mag? Freut sie sich über ein bisschen Ruhe oder ist sie eifersüchtig? Ich werde es wohl nie erfahren. Aber nachts belohnt uns wieder ein grandioser Sternenhimmel für das schwere Tragen.

Mohammed schnappt sich meine Kamera.

Dann verabschieden wir uns am nächsten Morgen von den beiden Frauen. Der Beduine wird uns mit zurück ins Dorf nehmen. Seine Mutter ist schon mit der Ziegenherde draußen an den frischen Weideplätzen. Deren Gebimmel begleitet uns schon lange, bevor wir richtig wach werden. Auch die Verabschiedung zwischen dem Beduinen und seiner Frau fällt für unsere westlichen Vorstellungen von Beziehungen unterkühlt aus. Im arabischen Raum gibt es keine öffentliche Zuneigung zwischen Mann und Frau. Keine Umarmung, keinen Kuss, keine Berührung.

Ich frage mich, was wohl passiert, wenn beide Frauen sich gegenüberstehen. Bekriegen sie sich? Wie gehen sie miteinander um? Stehen sie in Konkurrenz? Haben sie sich akzeptiert? Kooperieren sie? Verschwören sie sich gegen ihren Mann? Vielehe als Lebensmodell ist ja nicht ungewöhnlich. Im besten Fall haben sie sich mit der Situation arrangiert und respektieren sich gegenseitig. Ändern können sie ja vermutlich sowieso nichts. Aber mein Gefühl sagt mir, dass diese Lebensform Gewinner und Verlierer zurücklässt. Eine darf schließlich im Haus wohnen und die andere muss mit der Schwiegermutter weit draußen ihre Zeit verbringen.

Bevor wir diesen besonderen Ort ganz verlassen, schaukelt noch eine Minikarawane vorbei. Ein somalischer Mann hält mit seinen drei Kamelen an. Vorsichtig, aber lächelnd steigt er ab und begrüßt uns. Er ist vor dem Krieg in seiner Heimat geflohen und auf dem Kamelrücken bis nach Jordanien geritten, hinweg über Grenzen und Widrigkeiten. Fort von Gewalt und Verfolgung. Alles, was er besitzt, hat er in seinen Satteltaschen. Das Wadi gefällt ihm, hier möchte er sich auch »niederlassen« und von Weideplatz zu Weideplatz ziehen. Er möchte sich eine Existenz aufbauen, vielleicht heiraten, erzählt er. Einfach oder mehrfach? Das wird die Zeit zeigen. Vielleicht werden seine Kinder irgendwann auch über Facebook Backpacker werben.

Damit die Ziegen in dieser kargen Landschaft ausreichend Futter finden, müssen sie jeden Tag an einen anderen Platz getrieben werden.

Durch Erosion entstehen bizarre Felsformationen.

Was ich gelernt habe:

› Das Leben spielt abseits von Folklore-Touristencamps.

› Die Milchstraße muss ein magischer Ort sein.

› Andere Kulturen befolgen andere Regeln.

19

Asien ist magisch

China, Vietnam und Myanmar

Ekstase ist kein Wort für das, was sich vor uns abspielt. Kurz nach dem Sonnenuntergang wird die Luft kühl in dem kleinen Dorf in der chinesischen Xishuangbanna-Provinz, doch die Stimmung kocht. Tumult. Menschen torkeln, springen, fallen, liegen quer übereinander. Menschen tanzen und singen. Sie schlagen den Gong, das Becken. Bässe dröhnen von einer großen Musikanlage am Rande des Dorfplatzes. Frauen schreien uns an, lachen uns an, packen uns bei den Händen. Nur einen Augenblick später sind wir Teil eines großen Reigens. Die Hälfte aller Frauen im Dorf hat sich versammelt, um mit den »Laowais«, den Ausländern, zu tanzen. Wir bilden einen großen Kreis. Fremdartiger Gesang mischt sich in ausgelassene Fröhlichkeit und vom Alkohol unkoordinierte Bewegungen. Die Energie wirft uns nach links und rechts. Ob wir wollen oder nicht, unsere Arme folgen dem Pulsieren der Masse, hoch und runter. Wir drehen uns. Der Kreis verlässt seine Form, wird zu einer Ellipse. Dann reißt er auseinander, Menschen fallen, liegen aufeinander und lachen glückselig. Viele sind so betrunken, dass sie es kaum schaffen, sich noch vernünftig an den Händen zu halten. So viel alkoholisierte und ungestüme Freude habe ich seit meinen ersten Partys mit 15 nicht mehr erlebt.

Ich finde mich neben einem Holzgestell wieder, das eine große Trommel stützt. Daneben steht eine alte Frau mit glasigem Blick und schlägt ungezügelt, aber trotzdem rhythmisch mit einem Stock dagegen. Am Rande des Dorfplatzes stehen Musikboxen, aus denen ein viel schnellerer Beat dröhnt. Tradition versus Moderne.

Alle Dörfler haben ihre Festtagsgewänder angezogen. Die Frauen tragen blau-rot-gestreifte Trachtenjacken, die Männer überwiegend weiße Jacken, die mit feinen roten Linien überzogen sind. Riesige Joints werden herumgereicht und Flaschen Selbstgebrannter werden geleert.

Ich reise schon seit vier Wochen mit meinem alten Schulfreund Tim durch Asien. In Südchina geht unsere Reise los und wir wollen auf dem Landweg ins warme Thailand. Uns verbindet neben jahrelangen Tischtennisduellen, Bier trinken und stundenlangen Telefonaten auch die Leidenschaft fürs Reisen. Während ich in meinem Auslandssemester die Lichter, aber auch den Schatten der Megametropole Los Angeles erfahren habe, machte Tim ein Praktikum in einer chinesischen Logistikfirma in der Nähe der Zehn-Millionen-Metropole Guangzhou in Südchina. Nachdem wir unsere beiden Abenteuer ungefähr zeitgleich beendet haben, reise ich via Hong Kong zu ihm.

China ist einfach mysteriös. Niemand spricht Englisch, jede Übernachtung, jeder Fahrkartenkauf ist hart erkämpft. Geschäftiges Gewusel auf den Straßen, Gedränge in den Zügen, staubige Luft in den Städten. Eisige Winterkälte lässt uns frieren. Aber wir finden so viel in China heraus. Wir beobachten, wie ein dressierter Kormoran Fische für seinen Fischer fängt und wir lernen, wie man Nudelsuppe mit Stäbchen isst. Wir lüften das Mysterium, ob sie dort tatsächlich Hund verspeisen und wie Yakmilch schmeckt. Dass Rülpsen beim Essen zum guten Ton gehört und dass die chinesische Küche ganz anders ist als in unseren China-Restaurants, müssen wir ebenfalls feststellen. Und wir finden heraus, dass die Chinesen unfassbar herzliche Menschen sein können, wenn sie ihre anfängliche Zurückhaltung überwunden haben.

In das kleine Dorf mit dem großen Fest hat uns unser Wanderguide Tom geführt. Wir sind an diesem Morgen von Jinghong, ganz im Süden Chinas, mit dem Bus losgefahren und sind irgendwo in den grünen Hügeln ausgestiegen. Einen ganzen Tag sind wir dann über Dörfer und Reisfelder gewandert. In jedem Dorf lebt offenbar ein anderes Volk, mit eigener Sprache, Kleidung und Tradition. Kulturell trennen sie Lichtjahre von der überwältigenden Mehrheit der Han-Chinesen.

Noch. Denn die Regierung setzt sich für »Fortschritt« ein. Sie verschenkt Fernseher und sorgt für kostenlosen Empfang, um die Propaganda-Sendungen auch in die ländlichen Regionen zu bringen. Überall laufen die Vorbereitungen für das Neujahrsfest. Die Minderheiten hier sind längst am Feiern. Ihr Termin für das wichtige Ereignis liegt früher.

Beim Neujahrsfest werden Tim und ich eingeladen und sind mittendrin.

Schweine werden geschlachtet, Wasserbüffel am Wegrand zerlegt. Überall werden wir überschwänglich und herzlich empfangen, obwohl uns niemand kennt. Kurzerhand lädt man uns zum Essen ein. Niemand hat gefragt, wer wir sind, oder warum wir hier sind. Wir sind einfach willkommen.

Unseren Guide Tom haben wir in der Stadt engagiert. Er kennt die Dörfer und ein paar der Familien. Wanderführer ist er nur im Nebenberuf. Eigentlich ist der sehr gebildete Mann mittleren Alters Kaufmann. Er verurteilt die chinesische Regierung, weil sie alles kontrolliert und alle Menschen unter ihre Doktrin stellt. Kritik sei nicht erwünscht, wettert er, umso mehr jedoch das Befolgen der Anweisungen von oben. Eine eigene, anders lautende Meinung zu haben und – noch schlimmer – sie öffentlich kundzutun, sei heikel.

Tom liebt es, Touristen durch die Berge dieser abgelegenen Provinz zu führen und ihnen die Schönheiten der Natur und die vielen Dörfer zu zeigen. Vermutlich verdient er in diesen zwei Tagen auch noch wesentlich mehr Geld als mit seinem eigentlichen Job.

Wir haben vorher vereinbart, dass wir ihm zusätzliches Geld geben, von dem er den Menschen in unserem Namen einen ausgibt. Das zahlt sich aus. In jedem Dorf sitzen wir mit den Einheimischen zusammen, trinken Bier und essen. Die Jugendlichen kommen zu uns, reden Chinesisch und kichern, weil wir sie nicht verstehen. Die Erwachsenen zeigen uns ihre Häuser. Tom übersetzt viel für uns. Englisch spricht hier sonst niemand.

Viele Neuerungen gab es in den letzten Jahren. Zusätzlich zu den verschenkten Fernsehern hat die Regierung Straßen gebaut, Motorräder und Landmaschinen besorgt und Stromleitungen errichtet. Die Menschen hier freuen sich sehr, weil es ihr Leben einfacher macht.

Tom knurrt: »Ich habe hier früher auf jeder Wanderung Waldelefanten gesehen. Mittlerweile sind sie alle weg. Die Menschen breiten sich immer weiter aus.«

Aber auch er genießt die ausgelassene und angetrunkene Festtagsstimmung auf den Dörfern. Jedes Mal, wenn wir weiterziehen, klopfen uns die Menschen auf die Schultern, lachen, winken uns hinterher. Kinder kommen zu uns und wollen sich fotografieren lassen. Sie bewundern ihre Gesichter auf dem Display.

Zum Sonnenuntergang und nach einer langen Wanderung erreichen wir ein kleines Dörfchen am Fluss, Umgeben von sehr viel Grün. Tom sagt uns, dass wir unsere Rucksäcke in einem Haus unterstellen sollen. Hier sei alles sicher. In dem Haus werden wir auch schlafen, die Familie teilt gerne ihre vier Wände mit uns. Matten liegen auf dem Boden und Schlafsäcke haben wir uns selbst mitgebracht. Nach Einbruch der Dunkelheit gehen wir am Fluss entlang. Wir hören schon einen rhythmischen Beat vom Dorfplatz.

Und dann sind wir mittendrin im wogenden Krach, im wilden Tumult und Gesang. Tom, Tim und ich sind die einzigen, die nicht in diesem Dorf wohnen. Trotzdem sind wir voll dabei. Es besteht überhaupt gar keine Frage, ob wir mitfeiern können oder dürfen. Vielmehr fühlen wir uns als die Ehrengäste, werden immer und immer wieder in die wilde Ekstase auf dem Dorfplatz gezogen. Alle lachen, alle sind fröhlich. Jeder möchte mit uns tanzen und singen. Fragen stellt niemand.

Vielleicht ist es zum Teil dem Alkohol geschuldet, oder dem, was sie sonst noch an diesen Abend zu sich nehmen. Aber: Würde ich auf meiner Party zwei Ausländer einfach so mitfeiern lassen, sie freudig zum Mittelpunkt der Veranstaltung machen? Und sie auch noch einfach in meinem Haus schlafen lassen? Vielleicht verschanzen wir uns im Westen zu sehr hinter unseren dicken Hauswänden und unserem Besitz. Wir bauen eine Wand aus all den Dingen, die wir nicht verlieren wollen. Vielleicht ist es einfacher, offener zu anderen zu sein, wenn man nicht viel hat. Vielleicht liegt es aber auch einfach an der Mentalität der Menschen, an ihrer Geschichte und daran, welche Erfahrungen sie im Laufe der Zeit gemacht haben. Unschlüssig, was die genauen Gründe sind, nehme ich mir etwas vor: Ich möchte mir von dieser Unbefangenheit ein Stück mitnehmen und irgendwann wieder so mit Fremden tanzen. Asien ist wirklich magisch.

Zwei Wochen später, es ist tiefste Nacht: Ich lege meinen Kopf direkt neben den kleinen Hausschrein auf den kühlen Boden. Neben mir blickt mich die kleine Figur des

Ji-Emperor erhaben an. Obst und andere Gaben liegen direkt daneben, ein Räucherstäbchen glimmt noch schwach orange. Eine Farbwechsler-Lampe taucht die Ecke des Raumes abwechselnd in rotes und gelbes Licht. So befremdlich dieser Moment ist, so viel Glück haben wir doch gerade gehabt.

Heute sind wir mit dem Zug in Vietnams Küstenstadt Nha Trang angekommen. Das chinesische Neujahrsfest Ted stellt halb Asien auf den Kopf. Schon seit Tagen sind Busse, Züge und Unterkünfte schwer zu kriegen und überfüllt. Da wir nie Schlafplätze vorbuchen, hat es uns diesmal tatsächlich kalt erwischt. Die Sonne ist bereits untergegangen und wir können immer noch kein freies Zimmer finden. Verloren sitzen wir vor einem Internetcafé. Abgase liegen schwer auf der Straße. Der Verkehr ist erbarmungslos. Motorräder dröhnen um uns herum. Die Vietnamesen sind Weltmeister im Menschenstapeln. Unfassbar, wie sie es schaffen, eine Großfamilie irgendwie auf dem Zweirad zu balancieren. Auch Schweine, Ziegen oder ihre halbe Ernte stapeln sie so, dass man das Motorrad gar nicht mehr erkennt.

Langsam dämmert uns, dass wir uns in einer unangenehmen Situation befinden. Wir kennen niemanden, die Stadt selber auch nicht und wissen nicht, wohin. Auch eine Online-Recherche ergibt kein bezahlbares Zimmer.

Doch dann kommt die Magie des Reisens wieder ins Spiel. Die Vietnamesen sind sehr offen ihren Besuchern gegenüber. Ein junges Mädel spricht uns lachend in fließendem Englisch an. Anscheinend hat sie unsere Verzweiflung bemerkt. Sie winkt mich auf ihren Motorroller und möchte uns dabei helfen, eine Unterkunft zu finden. Ein paar Ideen hätte sie da.

Ich rutsche hinter sie auf den unförmigen Kunstledersitz und winke Tim zu, der am Internetcafé warten wird. Sitzt man erst mal auf einem Roller, dann gleicht das Chaos der Straße eher einem wilden Fluss. Wir fahren mit der Strömung, überholen vorsichtig oder lassen uns zu einer Seite fallen. Das alles passiert mit einem unglaublich geringen

Eine Runde Bier auf uns – Stimmung schon am frühen Nachmittag.

Sicherheitsabstand. Irgendwie scheinen alle Roller einem eigenen unsichtbaren Rhythmus zu folgen, im Schwarm mitzuschwimmen. Ich bin froh, dass ich in diesem Chaos nicht lenken muss. Die Vietnamesin hält an jedem Hotel an, das sie kennt. Immer mit einem Lächeln. Aber in keinem kann ich ein freies Zimmer für die Nacht kriegen.

Immer weiter geht es durch den Rhythmus der Straße. Als ich innerlich schon fast aufgegeben habe, haben wir Glück. Ein Gästehaus kann uns ab morgen Nacht beherbergen. Und heute? Der Besitzer einer anderen Unterkunft lädt uns ein, in seiner Eingangshalle zu schlafen. Direkt neben seinem Hausschrein. Wir müssen uns nur spät hinlegen, wenn schon alle Gäste auf ihren Zimmern sind. Und früh aufstehen, bevor wir irgendwen stören können. Deal!

Zurück am Internetcafé bedanke ich mich herzlich bei dem Mädchen. Sie will partout kein Geld annehmen. Sie sagt nur: »Wir Vietnamesen sind offen für Besucher. Erzähl das zu Hause jedem.«

Den Punkt kann ich nun abhaken.

»Wenn ich mal nach Deutschland komme, dann würdest du doch das gleiche für mich tun, oder?«

Wir wissen zwar nicht genau, was wir essen, aber es schmeckt großartig.

Ich lächele herzlich – soviel habe ich in Asien gelernt. Aber würde ich das wirklich? Würde ich zwei Backpackern dabei helfen, ein Hotel zu finden und sie dafür quer durch meine Stadt fahren?

Auch der Hotelier, der uns in seinem Flur schlafen lässt, will kein Geld haben. Er beschränkt sich ebenfalls auf ein freundliches Lächeln. Würde ich das auch für zwei Reisende tun? Ihnen vertrauen, sie ins Haus lassen und sie zwischen Heiligenfigur im Schrein und goldener Winkekatze im Regal auf dem Boden schlafen lassen? Begegne ich Fremden mit Vertrauen oder vermute ich in ihnen eine Bedrohung? Asien ist ein Lehrmeister in Sachen Offenheit. Einfach magisch.

Ein paar Jahre später: Ich reise alleine durch das bezaubernde Myanmar. Ein großartiger Wanderguide führt mich und ein paar andere Backpacker durch die herrlichen Dörfer in der Nähe des Inle-Sees. Meine Reise fällt ans Ende der Monsunzeit, deswegen ist schon jeder kurze Spaziergang ein Tanz zwischen zwei Regengüssen. In den drei Tagen werden wir unzählige Male nass und manchmal auch wieder trocken. Der dichte Dschungel dampft um uns herum und nur ein paar kleine Hütten stehen auf Stelzen in dem Dorf, das wir gerade passieren. Ich bekomme die ersten Regen-

Diese Dame gewährt uns Schutz vor einem Regenguss.

tropfen ins Gesicht und die Wolken versprechen noch viele mehr.

Am offenen Fenster in einer der Bambushütten steht eine alte Frau und winkt uns lachend zu sich. Ich rufe zu unserem Guide: »Es fängt gleich richtig an zu regnen. Lass uns das Angebot annehmen und eine kurze Regenpause im Haus machen.« Der Guide stimmt nach kurzer Diskussion zu. Mit ungefähr acht Leuten fallen wir in die kleine Ein-Raum-Hütte ein.

Die alte Frau sitzt mit ihrer Enkeltochter auf dem Boden. Sie scheint es zu genießen, uns Schutz vor dem heftigen Guss zu gewähren. Wir packen unser Essen aus und machen eine verfrühte Mittagspause. Natürlich bedanken wir uns für so viel Gastfreundschaft mit etwas Essen und ein paar lokalen Zigarren.

Reisen in Asien ist einfach magisch. Wieder dieselbe Frage: Würde ich das gleiche für eine Horde Menschen ma-

In Chinas Dörfern laufen Kinder auf uns zu und wollen ein Foto.

chen, die im Regen an meinem Haus vorbei läuft? Vielleicht wäre das ja mein Anfang! Vielleicht wird Deutschland ja auch mal magisch.

Was ich gelernt habe:

› Offenheit macht Freude.

› Gastfreundschaft ist ein Gewinn – für beide Seiten.

› Asien ist magisch.

Umkleide

20

Nordseeleuchten

Unsere Elternzeit auf Norderney

Dieses Leuchten geht mir nicht mehr aus dem Kopf. Zum ersten Mal gesehen habe ich es in Thailand, nachts am Strand. Es war so stockdunkel, wir konnten den Boden kaum erkennen. Aber im warmen Sand schimmerten kleine blaue Punkte in die Nacht. Sie sahen aus wie kleine Lämpchen, die jemand fälschlicherweise im Sand angeschlossen hatte. Funkelnde kleine Perlen lagen da, die sich aneinanderreihten und rhythmisch vom Auf und Ab des Meeres überspült wurden.

Immer wieder habe ich seitdem an dieses merkwürdige Leuchten gedacht. Lange Jahrhunderte wurden Berichte über glühendes Wasser als Seemannsgarn abgetan. Heute weiß man es besser: Meeresleuchten tritt vereinzelt, aber immer wieder auf unserem Planeten auf. In mondlosen Nächten glimmt und glüht dann das dunkle Meer. Ich habe versucht, mehr über dieses Phänomen herauszufinden. Erzeugt wird es ganz unromantisch durch Mikroorganismen im Wasser. Treten sie in hohen Konzentrationen auf und werden bestimmte Reize wie beispielsweise Berührungen ausgelöst, fangen sie an zu leuchten. Ist es dann noch völlig dunkel, scheint kein Mond, kein künstliches Licht, kann man es gut beobachten. Im Indischen Ozean trat es mal in so großer Masse auf, dass es auf Satellitenbildern zu erkennen war. Seit jener Nacht am thailändischen Strand hoffe ich immer wieder auf eine Chance, dem seltenen Phänomen auf einer meiner Reisen zu begegnen.

Reisen ist mein Lebensmotiv. Seit dem Ende meiner Schulzeit konnte ich mir immer Freiräume dafür schaffen. Nach meinen Semesterferien als Jugendreiseleiter und Kanu-Guide betreue ich geführte Rundreisen in ganz Europa. Parallel ziehe ich immer mein Studium durch. Meine erste Arbeitsstelle an einem Gymnasium organisiere ich mir so, dass ein halbes Jahr Zeit zwischen Referendariat und Arbeitsbeginn liegt, sodass Julia und ich Zeit für eine Reise durch Südasien und Südamerika haben.

Dann werden wir Eltern. Das Leben schenkt uns eine wundervolle Tochter, die wir Hanna nennen. Sie wirbelt unseren Alltag kräftig durcheinander. Dabei lacht und strahlt sie mich an, dass mein Herz vor Freude hüpft. Wenn sie auf meinem Bauch einschläft, fühle ich, wie die Zeit stillsteht. Egal was für dringende Dinge ich noch erledigen müsste, jetzt genieße ich einfach den Moment. Alles andere kann warten.

Nach der Geburt werden wir von Familie und Freunden mit Glückwünschen überschüttet. Alle sagen, wie toll es ist, Kinder zu haben. Das kann ich voll bestätigen. Was ich nicht bestätigen kann, ist die allgemeine Annahme, dass sich jetzt das Leben zu Hause abspielen müsse. Die Wohnung muss nicht notwendigerweise ein Familiennest werden. Das Organisieren eines Kindergartenplatzes, Babymassage, Eltern-Fortbildungskurse, Musikschule, Krabbelgruppe, und, und, und – das muss nicht alles ganz oben auf der Prioritätenliste stehen.

Natürlich müssen wir uns alle drei erst einmal aneinander gewöhnen und uns gegenseitig kennen lernen. Wir Eltern haben zugegebenermaßen vom Elternsein keine Ahnung – trotz Vorbereitungskurs. Selbstverständlich verbringen wir am Anfang viel Zeit zu Hause und in den Parks in unserer Nachbarschaft.

Aber ziemlich schnell stellen wir eine Sache fest: Hanna ist immer dann glücklich, wenn wir da sind und sie unsere Nähe spürt. Solange eine ordentliche Portion Muttermilch in Reichweite ist, ist für sie alles gut. Aber ob wir dafür zu Hause sind, bei meinen Schwiegereltern in Ahlen oder bei Freunden in Paderborn übernachten, interessiert sie überhaupt nicht. Wenn wir längere Strecken mit dem Auto fahren, schläft sie gemütlich ein. Während wir eine Hochzeit auf der Tanzfläche feiern, schlummert sie in der Trage an meiner Brust. Wir haben Glück gehabt: Hanna ist das absolute Reisebaby.

Als Hanna ein halbes Jahr alt ist, fliegen wir aufs griechische Festland und machen Ausflüge zu Klöstern, Ausgrabungsstätten und alten Dörfern. Mit wie vielen Vorwürfen werden wir im Vorfeld konfrontiert! »Der Flug ist doch viel zu lang!« – Hanna verschläft den Großteil der drei Stunden

Die tägliche Frage: Zum Weststrand oder zum Nordstrand oder zum Abenteuerspielplatz oder zu...

in der Luft. »Ihr könnt doch nicht mit einem Baby im Mietwagen durch Griechenland fahren!« – Wenn das in Deutschland funktioniert, warum nicht auch anderswo? »Das ist doch viel zu heiß!« – Es ist Herbst. »Ist das nicht viel zu gefährlich?« – In Griechenland sollen auch Babys leben und vor allem überleben.

Ich habe speziell auf Reisen gelernt, mich von meinem Bauch leiten zu lassen, mich vom Kopf zu lösen, die Gedanken und Einwände nicht wieder und wieder durchzuwälzen. Julia sieht das zum Glück genauso. Unser Bauch sagt: »Kein Problem. Fahrt nach Griechenland.«

Am Ende wird es noch viel besser als erwartet. Im ganzen Mittelmeerraum sind Babys und Kleinkinder der Eisbrecher. Hannas blonde Locken sorgen für viel Aufsehen. Fremde Menschen sprechen uns freudig an. Lachend beglückwünschen sie uns zu so einem schönen Baby. Sie freuen sich, dass wir als junge Familie ihr Land besuchen. Es gibt hier keine Komplikationen, die wir zu Hause nicht auch gehabt hätten. Da haben wir unsere Bestätigung. Wir können fantastisch mit einem Baby reisen. Test geglückt.

Toben mit den Mädels auf dem heiligen Rasen am Kurplatz.

Meiner zehnmonatigen Elternzeit steht also nichts im Weg. Drei Monate davon haben Julia und ich überlappend Elternzeit, die wir zum Reisen nutzen wollen. Es ist Winter und Florida verspricht Wärme, Sicherheit und spektakuläre Natur. Nachdem wir die Flüge gebucht haben, werden wir mit den gleichen Bedenken konfrontiert wie schon vor Griechenland. »Zehn Stunden Flug mit einem Baby? Was sollen eure Sitznachbarn denken? Was macht ihr beim Zelten, wenn euer Kind nachts schreit? Gibt's da nicht diese Mücken?« Dass wir unseren geplanten Mexiko-Abstecher erst einmal verschweigen, hilft gegen noch schwerwiegendere Bedenken.

Natürlich klappt auch in sieben Wochen Amerika das meiste hervorragend. Am schwierigsten ist eine lange, lange Autofahrt nach West Palm Beach, auf der Hanna immer wieder anfängt zu schreien. Nach zahlreichen Krabbelstopps siegt die Müdigkeit und wir kommen spät nachts an. Trotzdem finden wir noch eine Unterkunft in einem Mobilheim im Wald.

Vielleicht ist es sehr deutsch, Bedenken zu haben, was auf so einer Reise alles passieren könnte, und sich viele

Sorgen zu machen – vor allem um andere. In vielen Gesprächen mit Urlaubern aus der ganzen Welt werden wir beglückwünscht, das Beste aus unseren Möglichkeiten zu machen und zu reisen. Auch die immense Freiheit, die uns Deutschen durch Elternzeit und Elterngeld gewährt wird, sorgt für Erstaunen und neidisches Kopfschütteln, speziell im arbeitnehmerfeindlichen Amerika. »Bis zu drei Jahre könnt ihr eine Auszeit vom Job nehmen und habt einen Anspruch, in eure alte Position zurückzukommen? Unglaublich! Wenn ich nicht sieben Wochen nach der Geburt wieder anfange zu arbeiten, dann habe ich die Kündigung im Briefkasten.« Solcherlei Bemerkungen hören wir mehrmals von amerikanischen Müttern. »Ihr werdet vom Staat dafür bezahlt, euch um euer Kind zu kümmern? Ich habe sogar die Krankenhauskosten für die Geburt aus eigener Tasche gezahlt«, hören wir auch noch. Außer bei den Holländern, die ähnlich elternfreundliche Arbeitsregelungen haben wie wir, sorgen unsere Möglichkeiten für Erstaunen. Auch die Amerikaner freuen sich unglaublich über Hannas blonde Locken und ihr Strahlen. Ihre Gabe, ältere Damen anzulächeln und ihnen zuzuwinken, macht uns zu Stars auf jedem Campingplatz. Auffallen tun wir so oder so, schließlich sind wir die einzigen, die in einem Iglu-Zelt schlafen und nicht in einem überdimensionierten Campervan.

Natürlich ist unser Reise-Elternleben nicht immer nur Sonnenschein, sondern besteht wie auch das Leben zu Hause aus Höhen und Tiefen. Unglaublich schön ist es, als wir mit unserem Baby über die Flüsse in Crystal River paddeln. Selig zeige ich meinem Kind die Seekühe, die gemächlich unter dem Kanu her tauchen. Die freundlichen, ruhigen Tiere schwimmen auch beim Schnorcheln neben mir. Das nächtliche Bangen, ob uns das Zelt im Regenguss nicht wegfliegt, gehört aber ebenso dazu. Sich durchnässt ins Auto flüchten und dort irgendwie zu dritt schlafen zu müssen, ist kein schöner Gedanke. Passiert ist das zum Glück nicht. Egal, wie groß das Problem scheint, es gibt immer einen Ausweg. Zum Beispiel, indem ich während des Regensturms rausgehe, die Heringe fixiere und die Schnüre nachziehe, um trocken zu bleiben. Dazu kommt noch die überwältigende Mitmenschlichkeit, die einem als junge Familie widerfährt. So kriegen wir von Nachbarn auf dem Zeltplatz am Morgen eine Kanne Kaffee gebracht, weil sie sich gesorgt haben, ob wir den Sturm überstehen – Freude pur.

Ob man sich in der heimischen Wohnung oder auf Reisen um sein Kind kümmert und es umsorgt, muss jeder selber entscheiden. Freude und Probleme wird es in beiden Fällen geben. Wer aber auch mit Kindern bereit ist, seine Komfortzone zu verlassen, wird herausfinden, wie viel intensiver man das Leben spürt. Man wächst als Familie zusammen und kommt verändert wieder: stärker, angstfreier und selbstbewusster.

Ein Jahr nach Florida werden wir ein zweites Mal Eltern. Eva bereichert ab jetzt unsere Familie. Am Anfang steht wieder eine kurze Phase des Kennenlernens, in der wir uns zu Hause einigeln. Dann ist aber schnell der Entschluss gefasst: Ich werde eine zweite Elternzeit nehmen, um mehr Zeit mit meiner Familie zu verbringen: ein Jahr. Mein Chef, selbst dreifacher Familienvater, beglückwünscht mich zumindest auf privater Ebene dazu, auch wenn er kurzfristig Ersatz für mich finden muss.

Diesmal haben wir einen großen Plan für die Auszeit gefasst: Wir möchten für einige Zeit auf unserer Lieblingsinsel Norderney wohnen. Hier leben und arbeiten unsere Freunde Claudia und Bernd, die wir regelmäßig besuchen. Durch sie haben wir die Insel neu kennen und lieben gelernt. So sehr, dass ich Julia 2015 am Nordstrand einen Heiratsantrag gemacht habe. Wir sitzen im eiskalten Januar warm eingepackt in den Dünen und schauen aufs Meer. Nur wir beide, der tosende Wind und die schäumenden Wellen. Ein Moment der Zweisamkeit. Eben der perfekte Moment. Zum Glück sagt Julia gerührt und ohne Zögern: »Ja«, und nur sechs Monate später heiraten wir im historischen Badekarren am Weststrand der Insel. Wieder mit tosendem Wind und Kälte, obwohl es doch Hochsommer ist. Aber pünktlich zur Trauung stoppt der letzte Regenguss. Eine Strandhochzeit passt irgendwie gut zu uns, wo wir doch seit fast elf Jahren ein Paar sind und zusammen um die Welt reisen.

Nun wollen wir ein weiteres Familienkapitel auf Norderney schreiben. Unsere Herangehensweise ist dabei ziemlich naiv. Julia möchte sich um einen Job bewerben. Sie wird arbeiten, während ich mich um die Kinder kümmere. Dieser Teil ist schwierig genug, aber machbar. Für die Saison von April bis in den späten Oktober werden viele Arbeitskräfte auf der Insel benötigt, vor allem Servicekräfte in Gastronomie, Hotel und den Kureinrichtungen. Initiativ schreibt Julia vier Bewerbungen an Kureinrichtungen und die Stadt Norderney. Ich bin in diesen Dingen dann doch eher der Kopfmensch und beknie Julia, mehr Bewerbungen zu schreiben. Vier Initiativ-Bewerbungen sind einfach knapp!

Aber ich bleibe mit meinem Bitten erfolglos. Julia hat ein gutes Bauchgefühl bei ihrer Stellensuche. So bleibt uns nur das Warten, ob sich überhaupt jemand meldet. Nach einer Absage und keinerlei weiteren Rückmeldungen habe ich unseren Plan schon halb aufgegeben, doch dann klingelt eines Tages das Telefon. Die Stadt Norderney sucht wegen Krankheit vertretungsweise eine Sozialpädagogin für ein halbes Jahr. Das ist genau unser Zeitraum! Während der Sommersaison soll Julia das Jugendcafé der Insel leiten. Dies ist erste Anlaufstelle für die einheimischen Kinder, was Freizeit und Spiele betrifft. Es dient als Treffpunkt zum Quatschen, Essen und für Internet und Computerspiele. In den Schulferien gibt es Aktivitäten wie Surfen, Segeln, Kanu, Schatzrallye, Riesenseifenblasen, Strandausflüge und »gepimpte« Pizza.

Aber wie es nun einmal bei Behörden ist, müssen wir auf die offizielle Zusage warten, dass Julia die Stelle kriegt. Bis der Arbeitsvertrag durch alle Gremien durch ist, dauert es noch. Ich hasse Warten.

Dann bleibt noch das größte Problem selbst. Wohnraum ist auf allen Nordseeinseln ein rares Gut. Die Preise sind durch Ferienwohnungen und Investoren astronomisch in die Höhe geschnellt und vergleichbar mit Münchens berüchtigten Immobilienpreisen. Viele Norderneyer können sich keine Wohnung mehr leisten und pendeln vom Festland zur Arbeit. Das bedeutet morgens um sechs Uhr die

Der Weststrand wird zu Hannas liebstem Spielzimmer.

erste Fähre nehmen und abends zurück: rund 50 Minuten pro Strecke plus An- und Abreise zur Fähre. Das sorgt für viel Frust bei den Einheimischen. Freie Wohnungen werden in der Regel unter der Hand vergeben, ohne Kontakte wird es schwierig. Bei den einschlägigen Internetportalen ergibt eine Suche genau 0 Treffer. Viele große Arbeitgeber haben Dienstwohnungen für ihr Personal, aber die Stadt hat aktuell leider keine frei. Es bleibt bei einer mündlichen Verabredung, dass beide Seiten mal versuchen sollen, eine Wohnung zu organisieren.

Von unseren Freunden kommt eine desillusionierende Antwort. »Eine Wohnung über den freien Markt hier zu finden, ist wie ein Sechser im Lotto. Vergesst das.« Die beiden sollten es wissen, sie haben selbst schon viel Energie in ihre Wohnungssuchen gesteckt.

Ein Wattwurm – Natur hautnah und zum Anfassen.

Julia bleibt immer zuversichtlich. »Das klappt schon«, sagt sie verschmitzt.

Wir beschließen, einen altmodischen Weg zu gehen und in der Zeitung zu inserieren. »Kleine Familie sucht Wohnraum für die Sommersaison.« Darauf meldet sich tatsächlich eine Frau, die uns eine voll eingerichtete und ausgestattete Wohnung direkt am Hafen vermietet. Von Küche über Betten, von Nudelsieb bis Gartenstühle ist alles da. Wir bringen lediglich eine Autofuhre persönlicher Gegenstände mit, als wir im März einziehen. Was für ein unfassbares Glück! Gut, dass wir immer auf Julias Bauch gehört haben.

Während Julia im Jugendcafé arbeitet, kümmere ich mich in der Zeit um meine beiden Mädels. Hanna ist mittlerweile drei und Eva ein Jahr alt. Wir verbringen unsere Tage draußen: am Strand, am Wasser, im Wasser, in Gezeitentümpeln auf Krabbenjagd und Quallensuche. Wir toben auf Spielplätzen, bei Regen auf überdachten Spielplätzen, bei Wind auf windgeschützten Spielplätzen in den Dünen oder im tollen Kurpark beim Möwenfüttern. Auf dem Kurplatz lieben es die Kinder, über die Wiesen zu rennen. In der tollen Bibliothek, beim Gratis-Kurkonzert und auf dem Wochenmarkt erleben wir die Insel von ihrer schönsten Seite.

Morgens verlasse ich mit den Kindern das Haus. Mittags koche ich für die Familie frisch und Julia kommt zur Mittagspause zurück. Nach dem Mittagsschlaf gehe ich mit den Kindern wieder los. Ich genieße unsere Freiheit in vollen Zügen. Wind, Wetter und Wellen, sobald ich vor die Haustür trete. Keine Uhrzeit, an die ich mich halten muss, nur der natürliche Tagesrhythmus meiner Kinder. Wir brauchen kein Auto und keinen engen Bus. Ich muss nichts müssen. Ich verspüre nur Freiheit und genieße die Zeit mit meinen Liebsten.

Wir lernen so viele Menschen kennen. Ur-Norderneyer und Zugezogene, Saisonkräfte und Urlauber. Auch über mangelnden Besuch aus unserer Heimat können wir uns nicht beklagen. Jeder möchte mal vorbeikommen. Jeder ist begeistert, wie wir unsere Elternzeit verbringen. Mein Vater seufzt, dass er auch froh gewesen wäre, wenn er diese Möglichkeiten zu seiner Zeit gehabt hätte. Alle, die ich auf den Spielplätzen kennen lerne, freuen sich für uns und über unsere besondere Elternzeit. Ich entgegne oft, dass diese Möglichkeit jedem Arbeitnehmer offensteht. Aber bei den Vätern ist die Verunsicherung groß: »Mein Chef würde das nicht genehmigen.« – »Meine Karriere wäre dann vorbei.« – »Ich würde entlassen werden.« – »Wie soll das gehen?« Einwände gibt es viele. Ich verstehe auch, dass ich im Schuldienst in einer privilegierten Situation bin.

Aber, liebe Väter: Für den Fall, dass ihr wirklich lange Elternzeit nehmen wollt, kämpft für euer Recht! Überlegt mit euren Vorgesetzten, wie es gehen kann! Schließlich haben irgendwann auch Väter angefangen, sich die heute üblichen zwei Monate Zeit zu nehmen. Diese Väter sind am Anfang auch komisch angeschaut worden. Am Ende seines Lebens wird garantiert kein Mann sagen: »Hätte ich doch mal bloß mehr gearbeitet. Damals, als junger Vater, hätte ich noch mehr Zeit im Büro verbringen sollen.« Bisher ist es doch im Leben irgendwie immer gut gegangen. So oder so. In dieser Arbeitsstelle oder in einer anderen. Also: Vertraut auf euer Bauchgefühl und darauf, was ihr im Leben wirklich wollt!

Als wären die Möglichkeit der Elternzeit, Wohnung und Job nicht schon genug Glück, haben wir auch noch einen fantastischen Sommer. Selbst auf Norderney kommen die Temperaturen fast an die 30 Grad heran und das über mehrere Wochen.

Im Kurpark lerne ich Florian kennen. Er steht auf einer Slackline und jongliert. Sehr beeindruckend. Schnell schnappe ich mir seine Keulen und wir jonglieren zusammen. Dank meiner Hochschulsport-Jongliergruppe in Münster ist das eins meiner Lieblingshobbies. Auf Anhieb sind wir uns sympathisch. Deshalb treffen wir uns einige Male abends zum Biertrinken, zum Jonglieren, oder um mit einer kleinen Gruppe AkroYoga zu betreiben: eine Mischung aus Menschen stapeln und Yogapositionen. Florian schreibt seine Bachelorarbeit hier an einem Institut und ist auch für die Saison vor Ort.

Jetzt zum Ende des Hochsommers ist die Zeit gekommen, auf die ich gewartet habe. Seit drei Wochen ist es heiß und sonnig. Heute ist kaum Wellengang und Wind. Die Mikroorganismen sollten sich voll aufgeladen haben und nur noch auf ihren Auftritt warten. Dazu ist Neumond. Bilderbuchbedingungen für Meeresleuchten.

Florian und ich treffen uns am historischen Conversationshaus in der Inselmitte. Die Sonne ist zwar schon untergegangen, aber hier in der Weite und der klaren Luft glüht der Himmel noch lange nach. Rot, orange, dann pastelliges rosa, hellblau, sattblau, dunkelblau, schwarz. Bis zur vollen Dunkelheit kann es sich noch etwas hinziehen. Wir überbrücken die Zeit mit einem Bier in Norderneys bekanntestem Sonnenuntergangslokal, der Milchbar. Dann schnappen wir uns unsere Fahrräder und fahren richtig weit raus, weiter als bis zum Nordstrand. Bis dahin, wo die letz-

ten Strandkörbe stehen, wo es absolut ruhig ist und von dem Städtchen fast kein künstliches Licht mehr hin strahlt.

Wir stellen unsere Fahrräder ab und gehen zum Strand. Dort ist es völlig dunkel und menschenleer. Irgendwo zwischen den letzten Strandkörben legen wir unsere Klamotten ab. Hier brauchen wir keine Badehose. Nackt gehen wir ins Wasser. Leichte Wellen rauschen am Meeressaum. Es ist alles schwarz, außer der weiß schäumenden Gischt. Wir schwimmen in die angenehm warme Dunkelheit hinein. Mein Herz beginnt schneller zu schlagen, ich bin aufgewühlt. Ich fühle die Leichtigkeit durch das Wasser. Spannung, ob wir das Leuchten wirklich sehen werden. Allerdings ist mein Geist auch alarmiert, weil wir hier draußen alleine durch die Strömung treiben. Es ist ungewohnt, im Dunkeln zu schwimmen und so machen wir erst vorsichtige Bewegungen, dann kräftigere und schwimmen schließlich in vollen Zügen. Dann passiert es: Das Wasser um uns herum fängt an zu funkeln. Überall leuchten kleine blaue Lichter. Je mehr wir uns bewegen, desto intensiver wird es. Sogar in der sachten Wellenbewegung können wir das magische Leuchten erkennen, in der Schaumkrone, in der Welle selbst und wenn sie bricht, auch unter Wasser. Wir tauchen ab. Millionen Lichter funkeln, leuchten, prickeln, Lichtblitze zucken. Pure Magie um uns herum. Ich lege mich auf die Wasseroberfläche und denke: So geht Leben mit allen Sinnen. So fühlt sich grenzenlose Freiheit an. Wir haben alles richtig gemacht, diese lange Auszeit vom Job zu nehmen und loszuziehen. Um glücklich zu sein, brauchen wir nicht viel. Nur Momente wie diese. Die graue Nordsee fühlt sich an wie ein Ort nicht von dieser Welt.

Irgendwann sind wir so ausgekühlt, dass wir genug haben. Wir schwimmen zurück zum Strand. Doch hier sind keine Strandkörbe mehr. Die Strömung hat uns ein gutes Stück weit rausgetragen. Nackt und leicht frierend laufen wir am Strand zurück. Doch wo ist unsere Kleidung? Wir suchen und suchen. Wir suchen weiter. Nach einer längeren angestrengten Suche kommt mir eine Idee. Ich laufe nackt zurück zur Strandpromenade und hole mein Fahrrad. Das hat einen Dynamo. Wenn ich den Reifen drehe, haben wir etwas Licht. Also schleppe ich das Fahrrad über den Sand. Nun laufen wir zwischen den Strandkörben hin und her. Schwacher Lichtschein wandert über den Sand. Und da liegt etwas: unsere Klamotten. Ich rufe Florian herbei. Abtrocknen ist mittlerweile nicht mehr nötig.

Wieder ordnungsgemäß bekleidet werfen wir einen letzten Blick auf das dunkle Meer. Niemand stört die Mikroorganismen in ihrer Ruhe. Kein Leuchten ist mehr zu erkennen, aber wir hatten unsere magischen Momente. Norderney ist einfach ein Lichtblick. In vielerlei Hinsicht.

Was ich gelernt habe:

› Ich muss mehr auf meinen Bauch hören.

› Mit Kindern kann man ganz fantastisch reisen.

› In Zukunft merke ich mir, wo ich im Dunklen meine Kleidung ablege.

Epilog

Wir haben noch ein drittes Mal Glück und werden vom Leben noch reicher beschenkt. Nachdem wir mit Hanna und Eva schon zwei tolle gesunde Kinder bekommen haben, komplettiert jetzt Jonas unser Familienleben. Ein halbes Jahr nach der Geburt gehe ich in meine dritte Elternzeit.

Für die haben wir sehr viele Pläne. Wir finden unfassbar günstige Flüge nach Taiwan und dann weiter auf die Philippinen. Dort möchten wir mit unseren Kindern so viel zusammen erleben, machen und die Welt erkunden. Sieben Wochen lang wollen wir fünf gemeinsam nur mit Rucksäcken unterwegs sein, in einfachen Unterkünften schlafen und an schönen Stränden unsere Zeit verbringen. Endlich möchten wir uns einen langersehnten Traum erfüllen und mit Walhaien schwimmen.

Für die Zeit danach gibt es noch so viel mehr Familienpläne. Wir liebäugeln damit, für einen gewissen Zeitraum in eine ferne Großstadt zu ziehen, wo uns keiner kennt. Außerdem wollen wir zurück nach Norderney, wo ich in die Rolle eines Naturführers im Watt schlüpfen möchte. In unserer Nachbarschaft wollen wir ein Straßenfest organisieren. Ich will mit Raubvögeln arbeiten. Im Schnee zelten und die Polarlichter tanzen sehen. Mit Kindern frei sein.

Doch dann kommt alles anders. Die Welt wird von Corona im Griff gehalten. Rasend schnell breitet sich das Virus aus und zerstört alle Pläne, die mit Freiheit, Mobilität, Offenheit und Kontakt mit anderen Menschen zu tun haben. Anstatt auf den Philippinen den Wellen zuzusehen, sitzen wir alle zu Hause. Da auch der Kindergarten geschlossen hat, erleben wir heimische Enge statt großer Freiheit.

Ich versuche es so zu sehen: Das Coronavirus ist wie ein riesiger Misthaufen. Wir haben ihn nicht bestellt und es ist nicht unsere Schuld, dass er da ist und unser Leben einschränkt. Trotzdem haben wir den Misthaufen jetzt am Hals. Nun gibt es zwei Reaktionen. Entweder können wir uns über ihn ärgern. Wir können uns ständig einreden, wie schlecht unsere Situation ist und jeden Tag darüber nachdenken, wie fantastisch das Leben auf den Philippinen wäre.

Was wir doch für arme Schweine sind, weil wir nicht uns selbst verwirklichen können, wie wir es geplant hatten. Oder wir greifen uns die große Schaufel und vergraben den Misthaufen. Jeden Tag nehmen wir uns ein Stückchen mehr vor.

Nicht zuletzt wegen des fantastischen Wetters im Frühjahr haben wir eine unglaublich gute Zeit. Wir verbringen den ganzen Tag mit unseren Kindern zusammen. Dabei erfinden wir Spiele, basteln, wir fahren in den Wald, an den Rhein und erkunden unsere schöne, leider allzu oft übersehene Heimat. Letzten Endes wird unsere Zeit genau das, was Elternzeit sein sollte: eine wirklich intensive Familienzeit. Das geht auch zu Hause. Aus einem Misthaufen kann eben auch Dünger werden.

Alle verheißungsvollen Pläne gezwungenermaßen über Bord zu werfen, fällt mir trotzdem schwer. Loslassen von Sehnsüchten gehört einfach nicht zu meinen Stärken. Daher suche ich mir frühmorgens, wenn die Kinder noch schlafen, einen schönen Platz bei uns im Wald. Da, wo ich im Morgenrot aufs Wasser schaue, sage ich mir immer wieder Mantra-artig folgende Worte: »Ich bin gesund. Meine Familie ist gesund. Wir haben drei tolle Kinder. Ich bin mit der weltbesten Frau verheiratet. Meine Eltern und Schwiegereltern sind gesund. Ich habe großartige Freunde. Wir leben in einem schönem Haus. Ich habe eine erfüllende Arbeit. Wir haben genug Geld zum Leben. Ich habe in meinem Leben die Chance gehabt, viel zu reisen. Mein Leben könnte nicht besser sein.« Auch wenn Corona für viel Unmut sorgt, ist diese pure Dankbarkeit für mein Leben so wichtig, um es richtig wertzuschätzen. Es tut mir gut, mir das einfach immer mal wieder bewusst zu machen, mir Zeit zu nehmen, das zu reflektieren. Zufriedenheit ist schließlich eine bewusste Entscheidung, die man jeden Tag aufs Neue treffen muss. Am besten, man fängt direkt nach dem Aufstehen damit an.

Darüber hinaus finde ich endlich Zeit, um dieses Buch zu verfassen. Der Wunsch, über besondere Reisegeschichten zu schreiben, keimte schon lange in mir. Verwirklicht habe ich ihn bisher nie. Das lag vor allem an einer inneren Stimme, die an mir genagt hat: »Was ist, wenn niemand dieses Buch liest? Wenn alle es ablehnen? Wenn ich ausgelacht werde für das, was ich geschaffen habe?«

Mein eigener Anspruch, ein Buch zu veröffentlichen, baut in mir einen ungeheuren Druck auf. Der Druck ist so groß, dass mein Schreibfluss am Anfang völlig blockiert ist, obwohl ich ganz klare Ideen habe, wie und was ich schreiben möchte. Erst mit folgendem Gedankengang wird es besser: »Das Buch schreibst du nur für dich. Niemand muss es lesen. Du schreibst nur, weil du selbst Freude am Schreiben hast.« Der ganze Druck ist mit der Erwartungshaltung verschwunden.

Dass ich mich von Erwartungen anderer lösen kann, ist eine fundamentale Erkenntnis meiner Reisen. So gerne möchte ich sie an meine Kinder weitergeben. Ich will ihnen viele Freiräume und Chancen lassen, die Welt selber zu erkunden und ihre eigenen Erfahrungen zu machen. Ich möchte ihnen nicht die klassischen Erwartungen unserer Gesellschaft vorsetzen: »Sei gut in der Schule! Dann gehst du studieren und machst einen guten Abschluss. Danach kommt der Arbeitsvertrag und dann kaufst du ein Auto. Heiratest. Kaufst ein Haus, kriegst Kinder und hast einen Hund. Dann kannst du glücklich sein, weil du es geschafft hast.«

Es gibt unendlich viele Möglichkeiten, sein Leben erfüllend zu leben. Geradlinigkeit, Effizienz, Zielstrebigkeit mögen Eigenschaften sein, die einen schnell voranbringen und sehr nützlich sind. Aber mutig an Vorhaben herangehen, über die alle lachen, sich ausprobieren und an Plänen scheitern, ist ebenfalls wichtig. Wenn sie auf ihrem Lebensweg glücklich sind, weil sie ihrem Herzen folgen, bin ich es auch.

Ich möchte, dass sich meine Kinder die zentralen Fragen des Lebens stellen: Wer bin ich? Was will ich vom Leben? Lebe ich mein Leben tatsächlich so, wie ich es möchte, oder folge ich Erwartungen anderer? Was bedeutet Glück für mich? Sie sollen verstehen, dass nur sie für ihr Leben verantwortlich sind!

Natürlich gelten diese Fragen auch für mich selbst. Sie haben mich dahin geleitet, dieses Buch zu schreiben. Und ganz egal, ob es nun viele oder wenige lesen werden – DU hast es gemacht. Das bedeutet mir viel.

Hoffentlich konnte ich dich für deine Antworten auf diese Fragen sensibilisieren. Mein Wunsch ist, dir Impulse mitzugeben – egal ob sie mit Reisen zu tun haben oder nicht. Trau dich, deine Welt auch entgegen Erwartungen von anderen zu erkunden!

Die Fesseln, die uns vermeintlich zurückhalten, können wir abstreifen. Eine Wohnung kann man leerräumen und untervermieten. Ein sicherer Job oder Kindergartenplatz findet sich wieder. Handy-, Fernseh- und Fitnessstudioverträge kann man pausieren. Hundertprozentige Sicherheit gibt es letzten Endes nie und eine Garantie für Glück genauso wenig. Wenn du mutig an deine Vorhaben herangehst und die Dinge dennoch schlecht laufen sollten, wird es trotzdem irgendwie weitergehen. Erfahrungen und Impulse für deine Zukunft gewinnst du in jedem Fall und das ist wertvoller, als deine Ideen gar nicht ausprobiert zu haben.

Ich jedenfalls bin zutiefst dankbar, dass ich so viele Erfahrungen machen durfte. Ohne meine Australienreise wäre ich vielleicht ein ganz anderer Mensch geworden. Damals bin ich einfach hinter meinen Horizont gesegelt, und seitdem ist mein Blick nur noch nach vorne gerichtet auf die fernen neuen Horizonte. Jedes Mal, wenn ich mich wieder in die Fremde fallen lasse, sind meine Sinne voll aktiviert. Ich möchte den rhythmischen Tanz und das wilde Gewusel der Welt sehen, fühlen, riechen, schmecken, hören. Mich erfasst dann sofort eine Gänsehaut und ein warmes Gefühl im Bauch. Ich bin unterwegs. Ich möchte mich fallen lassen in das Strahlen und den Glanz dieses Planeten. Glücklich sein und meine Freiheit leben. Egal, wohin ich dann schaue, alles funkelt und glänzt. Die Ferne ebenso wie meine schöne Heimat.

Vor dem Tod kann sich letzten Endes niemand verstecken. Aber bevor er bei mir vorbeischaut, möchte ich sicher sein, dass ich mein Leben so gelebt habe, wie ich es für richtig halte.

Also warum zögerst du? Jetzt ist der Zeitpunkt, um deine eigenen Wünsche ernstzunehmen und loszulegen …

Danke!

Ich danke meinen Eltern dafür, dass wir immer gereist sind. Ihr habt mir schon in früher Kindheit die Schönheit der Welt gezeigt: in der Ferne, wie zum Beispiel beim Schildkröten suchen auf der griechischen Insel Kos. Auch in der Nähe, als wir durch den Odenwald gewandert, über Bäche gesprungen und über umgestürzte Bäume geklettert sind. Später haben wir in Tunesien eine völlig neue Welt entdeckt, laut, bunt und ganz anders als in Deutschland. Danke für eure Ermutigungen zum Reisen.

Julia, danke, dass du mich seit 17 Jahren auf vielen meiner Reisen begleitest. Du hast mir auch immer die Freiheit gegeben, mit Freunden zu verreisen oder im Ausland zu studieren oder jobben. Ich freue mich, dass wir beide auch im Alltagsdschungel mit Beruf und drei kleinen Kindern so ein gutes Team geworden sind.

Hanna, Eva und Jonas: Seitdem ihr auf der Welt seid, ist mein Leben viel bunter, trubeliger, verkuschelter und schöner. Ich hätte früher nie gedacht, dass ich mit Kindern so gut reisen kann und ihr immer so interessiert seid. Behaltet eure Neugier und Begeisterung für das Unbekannte immer bei!

Ich danke meiner Verlegerin Stefanie Holtkamp, die mich bei der Umsetzung dieses Buchs motivierend unterstützt hat und meiner Lektorin Lena Marie Hahn für all die kritischen Anmerkungen, Fragen und Änderungsvorschläge.

Ich danke Atmosfair für viele interessante Projekte, die mir helfen, den CO^2-Ausstoß meiner Flüge zu kompensieren und mit halbwegs gutem Gewissen zu Reisen.

Zum Schluss möchte ich all den Menschen danken, denen ich auf meinen Reisen begegnet bin und die mich beeinflusst haben. Ich habe so viel von anderen gelernt und mich durch Vorbilder weiterentwickelt. Ich bin gespannt, wen ich auf meinem zukünftigen Weg kennenlernen darf.

NATURZEIT REISE-ABENTEUER

Regina Stockmann

Alles bleibt anders

Mit Kindern auf Abenteuer-Reisen

»Alles bleibt anders« erzählt von Familienreisen im Campingbus, mehrtägigen Trekkingtouren in Norwegen und im Val Grande, einer Kanufahrt auf der Loire und ersten Fernreisen nach Marokko und Südafrika. Ein Buch, das outdoorbegeisterten Eltern Spaß und Mut macht, Ideen liefert, Erfahrungen teilt und zum Reise-Träumen und Reise-Planen anregt.

ISBN 978-3-944378-12-1,
€ 15,90

Stefanie Heyduck, Birgit Völkel

Hakuna Matata

Zwei Frauen und ihr blauer Landy auf einem Roadtrip durch Afrika

40.000 Kilometer, zehn Länder, zwei Frauen, ein blauer Land Rover Defender: Stefanie und Birgit kündigen ihre Jobs, um ein Jahr durch das südliche und östliche Afrika zu reisen. Ihr selbst ausgebauter Landy »Blaue Elise« wird zum Zuhause auf Zeit.

ISBN 978-3-944378-24-4,
€ 15,90

OUTDOOR-ABENTEUER MIT KINDERN

Breite Wanderwege finden Kinder gähnend langweilig. Pirscht man dagegen auf schmalen Pfaden durch Wald und Wiesen, riecht das Ganze gleich nach Abenteuer und wird viel spannender. Gibt es dann noch Pausenplätze, an denen man Tiere beobachten, am Wasser spielen und klettern kann, dazu ein Picknick oder ein richtiges Lagerfeuer, wird Wandern auch für Kinder interessant.

ISBN 978-3-944378-30-5
€ 18,00

ISBN 978-3-944378-32-9
€ 20,00

ISBN 978-3-944378-28-2
€ 18,00

ISBN 978-3-944378-31-2
€ 18,00

ISBN 978-3-944378-34-3
€ 18,00

ISBN 978-3-944378-29-9
€ 18,00

Viele weitere Titel der Reihe »Naturzeit mit Kindern« und eine Leseprobe zu jedem Buch unter **www.naturzeit-verlag.de**

ABENTEUER UND ERHOLUNG FÜR FAMILIEN

ISBN 978-3-944378-17-6
€ 17,90

ISBN 978-3-944378-20-6
€ 19,90

ISBN 978-3-944378-19-0
€ 17,90

ISBN 978-3-944378-18-3
€ 19,90

ISBN 978-3-944378-35-0
€ 18,00

ISBN 978-3-944378-36-7
€ 19,00

Regina Stockmann, Stefanie Holtkamp,
Johanna Kraus

Trekkingträume für Familien

Vom Mikroabenteuer zur Trekkingtour

Gemeinsam raus in die Natur. Weit weg vom Lärm der Zivilisation, der Alltagshektik und vom Überfluss. Sich nur noch um elementare Dinge kümmern und ein bisschen langsamer leben. Draußen sein, kleine Abenteuer erleben, Neues entdecken, in die Sterne gucken, näher zusammenrücken und als Familie ganz viel Zeit miteinander verbringen.

Für Outdoor-Anfänger und erfahrene Outdoor-Fans, die vor der Herausforderung stehen, ihr liebstes Hobby mit ihren Kindern zu teilen.

1. Auflage 2020, 384 Seiten, **€ 19,90**
ISBN 978-3944378-25-1

QUEEN ELIZABETH ISLANDS
AVUT TERRITORY
ICELAND
NADA
NORTH ATLANTIC OCEAN
TED STATES
EXICO
BAHAMAS
CUBA
HAITI
DOMINICAN REPUBLIC
BELIZE
JAMAICA
GUATEMALA
HONDURAS
EL SALVADOR
NICARAGUA
COSTA RICA
PANAMA
14
ANTIGUA AND BARBUDA
DOMINICA
KITTS AND NEVIS
ST. VINCENT AND THE GRENADINES
ST. LUCIA
BARBADOS
GRENADA
TRINIDAD AND TOBAGO
CAPE VERDE
MAURITAN
SENEGAL
GAMBIA
GUINEA-BISSAU
GUINEA
VENEZUELA
GUYANA
SURINAME
COLOMBIA
ECUADOR
BRAZIL
PERU
ANDES
BOLIVIA
PARAGUAY
CHILE
ARGENTINA
URUGUAY
PAMPAS
PATAGONIA
SOUTH ATLANTIC OCEAN
E